打開天窗 敢說亮話

WEALTH

天窗出版

環球.簡.升 ETF

黎家良 著

目錄

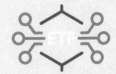

目錄

推薦序

. . . .

很高興有幸可以先睹為快黎兄的大作《環球.簡.升ETF》！本書講的是「交易所買賣基金（ETF）」，ETF不同於股票，它是股票的組合，且沒有基金經理代勞。正如黎兄所論述，不少人在選股上出現錯誤，不是選錯市場，便是選錯行業或個別股份，令投資埋下陰影。

黎兄用了不少篇幅來說明如何選擇好的ETF，這有點像選強積金，但ETF的選擇多得多，包含不同公司、不同市場、不同行業、不同基金等。雖然ETF是股票組合，投資者可以大大縮短分析個股的時間，但不代表不需要分析，本書亦替讀者分析了不同的朝陽行業如環保、醫療等。普通投資者可能也認識一些有相當潛力的環保、健康股份，但ETF可以進一步令投資者以較少的資金來作分散投資，同時減少了分析個股的時間。

黎兄一如他工作時般專業，在書中有系統地引導大家認識ETF，讀者可以從中知悉不同行業、市場等的近況，並從中選取優質的ETF配置

李兆波
香港中文大學商學院亞太工商研究所名譽教研學人
香港中文大學（深圳）高等金融研究所客座講師

投資組合。書中我最喜歡的一章是有關「提防ESG概念股的煙幕」，ESG本身是好事，尤其在企業管治方面，但美國方面近年出現反ESG的熱潮，這動作會影響機構投資者的選擇，大家不妨細閱文章。

很欣賞黎兄在書中不只談港股，也談市值更大的美股以及商品，對想更認識ETF的朋友作明燈指路；對不太喜愛投資ETF的朋友，書中也有很多分析技巧，可以減少你在投資上的損失。

難得黎兄在今時今日還願意花不少筆墨來寫書，我誠意向大家推薦《環球.簡.升ETF》！

推薦序

• •

很榮幸為好朋友 Desmond 的新書——《環球.簡.升 ETF》(《有升有息》續集) 寫這篇序言。作為一位資深金融人,我可以肯定地告訴你,Desmond 是一位非常專業、經驗豐富的理財專家,引領不少讀者穩中求勝。這次他提供了一部全面的 ETF 投資指南,內容涵蓋環球指數 ETF、各類 ETF 的相關知識、穩健增值策略、進取 ETF 之選、短炒等各方面,非常值得讀者細讀。

「不要把所有的雞蛋全都放在一個籃子裡」,ETF 投資的核心思想,就是將資產分散到不同的 ETF 產品中,降低風險,同時享受市場的收益。Desmond 在本書深入探討這一思想,提供詳盡的 ETF 產品介紹和投資策略,使讀者能夠充分地掌握 ETF 投資的核心理念和操作技巧。

對於想要實現財務自由、建立長期投資策略的讀者,這本書是非常實用的指南。指數基金之父、Vanguard 創始人 John Bogle 曾經説過:

鍾俊鏘 Joe Chung
交易平台高管
環球期貨交易所客席講師

• •

「不要預測市場，不要試圖打敗市場，只要追隨市場就好。」然而投資者需要運用專業的投資理財知識，才可以有效地追隨市場，並抵禦市場波動和風險。Desmond在本書中分享了他的豐富經驗和獨到的洞見，幫助讀者更好地掌握投資市場的脈搏，並建立穩健的投資策略，避開誤區。

相信各位讀完本書，也會和我一樣獲益良多！投資路上能有良師益友相伴，絕對是我和各位讀者的福氣。

推薦序

柴本翔
日本 ETF 基金管理公司高層

ETF被廣泛認為是一種高效、便捷、低成本的投資工具,並在全球多個國家和地區迅速普及。然而,ETF市場也存在風險和挑戰,投資者需要具備相關知識和技能。

本書是一本「包攬式課本」,深入解析投資ETF必須掌握的基本知識,包括投資策略、風險管理、選擇ETF產品等,從多方面進行分析。本書豐富的實際案例充分強調分散投資的重要性,更為讀者提供實用的投資建議和操作指南。

此外,本書還綜合分析和比較各個國家及地區的ETF市場,探討不同國家ETF市場的發展現狀、特點和未來趨勢。同時,介紹主要的ETF基金公司和其產品,讓讀者能夠更好地理解ETF市場的生態系統。在選擇ETF時,需要考慮管理費、流動性、時差等多種因素,由於每位投資者的風險回報偏好都不同,因此沒有一種最優秀的ETF。最重要的是,投資者不要只關注過去的回報率。

總之,如果您想了解ETF投資的基本知識以及如何選擇最適合自己的ETF產品,這本書絕對是您不可錯過的良伴。希望讀者能夠了解各國上市的ETF產品的優缺點,選擇最適合自己的ETF產品,實現長期穩健的投資回報。

自序

良心投資新使命：讓 ETF 發光發熱

我在 2017 年出版《有升有息》及 2020 年出版《低息時代創富學》，當時正值超低息環境，大家都希望知道如何獲取低息貸款，然後投資到能產生穩定現金流的資產，以達到財務自由，提早退休。既然讀者對理財知識有所需求，而自己又對這方面有不少心得和經驗，故此當年我跟天窗出版社一拍即合，出版了上述兩本書籍，亦有幸獲得讀者們的支持和熱烈迴響。

而財經市場瞬息萬變，本書執筆之時值 2023 年初，市場已經歷了新冠疫情、美國大幅加息、俄烏戰爭等不同事件洗禮，在 2022 年罕有地球發生股票及債券同時大幅下跌，不少投資者已嚇得忘記初心；因為市場暴跌，再加上財經傳媒及末日博士的恐嚇，投資者便將自己希望獲得穩定現金流及財務自由的理想放下，與大眾一同恐慌，放棄任何投資機會，只將資產保守地作定期存款，白白錯失一次本金大幅增值的機會。

絕大部分投資者都喜歡「隨波逐流」，當市場氣氛熾熱，大中小型股份雞犬皆升之時，便覺得過去錯失了賺錢機會，是時候努力學習成功者投資之道去入市實踐，結果通常都是在最高價位買入熱炒股份後然後慘遭套牢。相反，當市場不斷大跌之時，唱淡經濟的言論不斷，此時最「理性」之決定當然是「現金為王」，將全數投資變現，等所有不明朗因素消失才再作部署。如是者，每次入市投資之時都在高位，而且在每次股災低位都錯過上車機會，使財富無法增值，須知道要有充裕的本金作投資，收息資產才能夠產出足夠現金流。如果沒有辦法把握股市週期為財富增值，那麼就只能靠每月薪金及生意盈利慢慢累積足夠資產才能退休。

看到這裡，讀者可能會想，就算我懂得把握週期，但我工作及家庭已經夠繁忙，根本沒有時間研究投資什麼股份。不少朋友即時會想到可以買ETF指數基金，那便直接追蹤大市，不用花時間研究個股。

ETF投資的確比較簡單易明，研究及選購ETF不會比大家去超市購物複雜。理論上這類簡單的投資產品應該較容易得到投資者青睞，但在香港甚或大陸，ETF投資都不太流行。原因很簡單，就是ETF這種產品，跟太多金融業持份者有利益衝突的問題。

首先，傳統的銀行及基金公司，在投資業務上都會長期向客戶收取高額的收費，如果客戶知道ETF收費比他們低，但表現比他們好，生意就很難做下去。再者，近年在互聯網上有關個股分析的教學課程及收費「貼士」頻道就如雨後春筍，各位「金融專家」都標榜自己有驚人的分析本領，每天都能夠推介多隻十倍股給信眾，而且他們又有「未卜先知」的能力，教大家利用衍生工具短線炒作快速獲利。由於ETF大多是中長線投資，介紹ETF就意味著那些難以通過貼市短炒創作「吸睛」內容，故此市面上的金融專家都不熱衷介紹ETF。

香港的ETF選擇雖多，但成交活躍的只有寥寥數隻。故此我有一使命感，希望能夠在香港更好地推廣ETF這個價廉物美的投資工具，而這本《環球.簡.升ETF》正是頭炮！與此同時，我的團隊正如火如荼地建立一個大中華區ETF評分比較的初創項目ETF DP，希望能幫助更多投資者活用ETF為財富增值。

各位讀者在閱讀本書後有任何問題或意見，歡迎電郵至book@desmondlai.com；另外我亦會於我的FB專頁「良心理財 - 黎家良」不時發表投資相關評論，歡迎各位關注！

Chapter 1

環球指數ETF
投資王道

1.1 買正股 vs 買行業 ETF

很多朋友投資，只求回報增值，甚少考慮防守和規避風險，結果一次股災便慘遭滅頂，將得來不易的回報一筆勾銷。

我在這裡舉一些例子，大家看看投資於個股 vs 個別行業 ETF，以至於投資於單一地區 vs 全球股市 ETF，其風險及回報是如何不公平地分佈。投資 ETF，遠比個股或單一地區股市風險低，而回報有時更加是「有過之而無不及」！

ETF 是「Exchange-Traded Fund」的簡稱，中文名字叫「交易所買賣基金」，顧名思義，即是一隻可以在交易所像股票一樣買賣的基金。基金可以分為很多類型，例如純股票基金、純債券基金、股票債券混合基金、商品期貨基金等等；這些基金不需通過銀行或基金公司買入賣出，而是直接在股票交易所掛牌上市，投資者只需在券商或銀行開立一個證券賬戶，即可進行交易。

以長線或超長線計，投資股市的回報，還是遠勝於其他低波幅但亦低回報的投資工具，故此，我認為投資環球股票 ETF，才是增值正途，而本書的部署亦會集中於股票 ETF。

你還在糾結買哪隻正股？

「老師，晶片股買英偉達（NVDA）還是超微（AMD）好？」網上不時有投資者問網紅／投資專家，提出兩隻同類股份應買哪一隻較好，大部份專家都會基於財務數據、行業前景、創新科技含量等因素分析，有些則按技術分析、資金流等作比較及建議。

我們作為散戶投資者，根本沒有足夠的財經知識及行業知識去決定投資方向，不時需要請教專家，殊不知原來網上充斥的專家，大部份跟你一樣，並不是專門研究分析某行業，但出鏡或出稿時卻好像對每個行業都有獨到見解。所以我認為，經這些「專家」指點後，能成功買入優質企業的機會，其實跟賭大細的贏面分別不大。

就算是機構投資者、基金經理，甚至是該企業的內部人士，每天接觸公司營運第一手資訊的企業管理層，有時也對怎樣估算企業的盈利前景感到無能為力，更何況是我們這些外圍的凡夫俗子？

尤其對那些難以透過基本分析去衡量的新經濟行業，我建議直接採用另一種投資模式，就是「包攬式投資」——只要行業前景正面，就直接買入該心水行業所屬的全部龍頭股份。

提防：買對行業買錯股！

例如，你十分看好晶片行業的前景，雖說美股可以一股一股買入，但是你想買齊20隻美股晶片業龍頭股份，即使每隻買一股，也要花幾千美元才可以買齊。而且，如果你下次看好的是生物科技板塊，你便要買500

隻以上正股！單是交易操作已令你一頭煙了，所以，我的「包攬式投資」方法是投資該行業的ETF！

例如，想投資環球晶片行業，晶片股ETF數量其實不多，最高市值是iShares Semiconductor ETF（SOXX），裡面有三十隻持股，網羅美股市值最大的半導體企業，已包含令上述網友猶豫不決的「英偉達」及「超微」，可以省回問老師的功夫。

圖表 1.1 iShares Semiconductor ETF（SOXX）的十大持股

Ticker▶	Name	▶ Sector	▶ Asset Class▶	Market Value▶	Weight (%)▼	Notional Value▶	S
NVDA	NVIDIA CORP	Information Technology	Equity	$641,687,945.04	9.51	641,687,945.04	3,091
AVGO	BROADCOM INC	Information Technology	Equity	$547,112,018.39	8.11	547,112,018.39	949
TXN	TEXAS INSTRUMENT INC	Information Technology	Equity	$492,329,666.40	7.30	492,329,666.40	2,899
AMD	ADVANCED MICRO DEVICES INC	Information Technology	Equity	$401,861,049.23	5.96	401,861,049.23	5,245
QCOM	QUALCOMM INC	Information Technology	Equity	$399,034,961.90	5.91	399,034,961.90	3,219
ADI	ANALOG DEVICES INC	Information Technology	Equity	$279,652,767.12	4.14	279,652,767.12	1,521
ON	ON SEMICONDUCTOR CORP	Information Technology	Equity	$273,307,726.08	4.05	273,307,726.08	3,478
NXPI	NXP SEMICONDUCTORS NV	Information Technology	Equity	$264,371,268.87	3.92	264,371,268.87	1,487
LRCX	LAM RESEARCH CORP	Information Technology	Equity	$264,307,920.24	3.92	264,307,920.24	553
MCHP	MICROCHIP TECHNOLOGY INC	Information Technology	Equity	$263,567,749.96	3.91	263,567,749.96	3,303

as of Feb 22, 2023

資料來源：Ishares 網頁

買行業ETF，可以避開「幸運地買對行業，不幸地見財化水」的地雷！例如，近年半導體行業榮氣，不少人買入後都有不錯利潤，但亦有人十分不幸地眼白白看著股價直升，自己卻未能獲利！

不幸之一：買對行業，但買錯昔日龍頭——
英特爾(INTC)

從前，在高登或黃金電腦商場買電腦，絕大部分店員都會叫你買有Intel CPU的產品，而不是AMD，原因是Intel技術較先進及穩定；時至今日，家用電腦及商用電腦仍是以Intel CPU的出品佔優。如果憑這種「生活選股法」，去買入傳統舊經濟股的確非常管用，但以同樣方法用於選擇科技股，卻足以令你悔不當初。

圖表 1.2　英特爾(INTC)2018年4月至2023年4月的股價，走勢江河日下

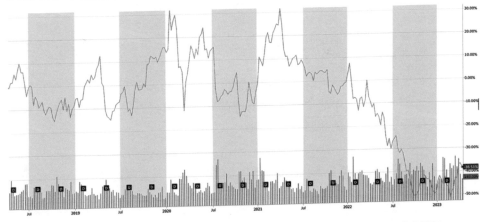

資料來源：雅虎財經

英特爾最近五年因晶片研發創新趕不上其他同業，引發盈利及增長下滑，連帶股價及市值也江河日下，現在英特爾雖然還在SOXX三十隻晶片股名單內，但其所佔比例早已跌出十大，變成一隻不入流的半導體企業了。

不幸之二：買對股，但在錯誤時間買入——
英偉達 (NVDA)

英偉達是近年炙手可熱的半導體股，有最先進的技術、最好的業績，理應是優質好股；但如果不幸地在2022年初以高價$286元買入，同年年底最低價是$112，比年初高位下跌六成！雖然英偉達在2023年初已從低位大幅反彈超過一倍，即使真的在2022年初高位買入，至此賬面虧損已大幅收窄，但中間股價波幅的驚濤駭浪，相信心臟健康稍遜的朋友，可能會抵受不住如此刺激的波幅。

圖表1.3　英偉達2022年2月至2023年2月股價走勢

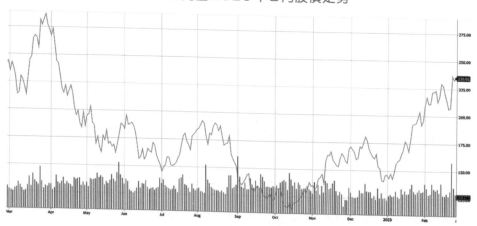

資料來源：雅虎財經

「包攬式投資」ETF 避開買錯風險

我們現在看看運用「包攬式投資」法，買入一籃子晶片股又如何？

圖表1.4 半導體ETF（SOXX）、英偉達（NVDA）及英特爾（INTC）
2022年2月至2023年2月股價走勢

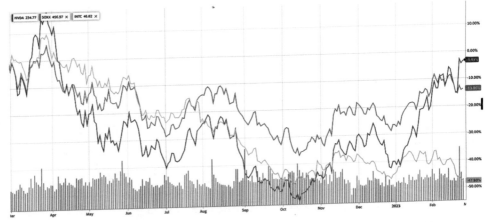

資料來源：雅虎財經

從圖表1.4可見，投資英偉達和英特爾，在2022年10月最低位時的惡劣表現不相伯仲，但英偉達股價因為績優很快強力反彈，而英特爾股價則在低位持續潛水。

相比兩隻個股，晶片股ETF – SOXX在2022年10月底時最差表現是較年初高位下跌約30%，比英偉達的最大跌幅60%跌少一半，其後反彈力度雖稍遜英偉達，但若將時間拉長以一整年計，其實SOXX跟英偉達的回報相差不多，投資SOXX好處是過程中少些風高浪急，減輕心臟負荷。

散戶買個股　易被割韭菜

投資個股，如果你有超能力經常選中優質股份，又有能力每次選對「正確」的時機買進賣出，無可否認你會獲得最高的回報；但只要投資者欠缺其中一項「超」能力，不論在港股或美股市場投資個股，結果也是殊途同歸：被割韭菜！相反，由於投資ETF是買入一籃子股份，每天上升或下跌的幅度有限，極少如個股般瘋狂升跌。只要選對行業板塊，持之以恆就可獲得正回報。

投資個股前，需要全面了解一家公司的基本因素 —— 財務數據、業務前景、管理層素質、行業前景，然後進行估值，看看現時股價水平到底屬於便宜或是昂貴。最好還要懂得一些技術分析，研究買入價格及賣出價格以便高賣低買，所需的心機時間絕對不少。對於業餘投資者而言，實踐基本分析不是易事，未學過專業財經知識，要做上述評估或分析更是不可能。

即使你擁有專業財經知識，花了不少時間研究一隻股票，最後才發現不值得投資，一分錢沒賺到，卻白白浪費了寶貴光陰。又或你研究後發現寶藏，你可會押上全副身家去投資該股票？一般都不敢，因為你不能百分百肯定自己的選股能力。

如果孤注一擲，股價亦如你預料般一飛沖天，你當然可獲得高回報。正如香港有一著名價值投資KOL，多年前押中一隻新能源汽車股票而獲得巨額財富，一舉成名。然而，你可以每一次都能看準時機「押中」呢？可會「押錯注」令財富清零？你面對的困難，是散戶投資者都面對的困難，相信也是該專家近年面對的問題。

圖表 1.5 投資個股的風險及回報

	研究難度	極高
	研究需時	多
	潛在回報	高
	潛在風險	高

投資行業ETF 散戶保平安

就以近年被炒上炒落的板塊 —— 新能源汽車為例，例如港股比亞迪（1211）、美國特斯拉（TSLA），或是相關概念的A股寧德時代（300750）。不少朋友都看好這個板塊，但與其每隻股份都買一些，倒不如直接投資電動車行業的ETF，例如Global X中國電動車及電池ETF（2845），買入一籃子跟電動車有關的股份。反正如果電動車行業好景，其龍頭或指數股份盈利都不會差，省回逐隻股票研究的時間，只要看好行業前景，即可買入。

水能載舟亦能覆舟，如果你選錯行業，後果也會是災難性的，例如近年國內的房地產行業受政府「三道紅線」緊縮政策影響，高負債內房企業紛紛倒下，簡直無一幸免，即使你投資一籃子大陸房地產行業的ETF，都會蒙受重大損失。

有些朋友對銀行股情有獨鍾，覺得盈利穩定股息又高，歐美都有銀行股產業的ETF可選，但不幸在2023年初，因美國加息連帶的效應，令幾家歐美銀行破產倒閉，其他銀行股東股價大幅下跌，主力投資單一產業也會損失慘重。

當然，為了分散單一行業出現的風險，你應該根據經濟大趨勢，選擇多隻前景秀麗的行業ETF，再運用本書稍後教你的策略，將分散風險至環球股市，方可以既享受升幅，同時避開個股出事暴跌的風險。

圖表1.6　投資行業股份的風險及回報

研究難度	低
研究需時	中
潛在回報	高
潛在風險	中

1.2 提防美市個股 出業績「見光死」

近年很多投資者覺得香港股市波幅太勁而升幅太少，以至轉戰美股的人數有增無減；多數人都集中炒熱門個股，但始終美國交易時間與香港不同，語言及資訊又不通，要做美股的基本分析其實比港股更難。

有一點要提提轉投美股的投資者，美股業績保密功夫做得很好，不易有春江鴨得知內幕資訊提早行動，即使日夜研究股份的分析員及基金經理，往往只能等公司公佈業績才能作出反應。故此，經常發生熱炒中的美股因為業績差，一出業績便「見光死」，甫開盤股價已暴跌超過兩成，投資者全部成為「韭菜」被割，完全無路可逃，只能自嘆倒霉。

出業績後股價暴跌事件簿

Netflix（NFLX）

Netflix因播放網劇「魷魚遊戲」而大熱，但增長不似預期，在2022年4月22日收市後發出業績，股價即時下跌超過25%。

圖表 1.7 Netflix 2022 年 4 月 22 日股價

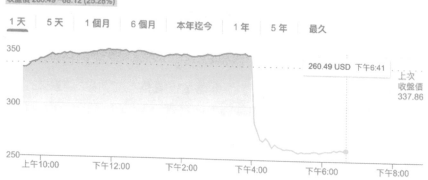

市場概況 > 網飛

348.61 USD

+10.75 (3.18%) ↑ 今天

已收盤: 4月19日 下午6:41 [EDT] · 免責聲明
收盤價 260.49 −88.12 (25.28%)

| 1 天 | 5 天 | 1 個月 | 6 個月 | 本年迄今 | 1 年 | 5 年 | 最久 |

資料來源：Google 財經

Meta

社交媒體龍頭Meta（原名為Facebook）在2022年2月3日收市公佈業績，收盤後股價暴跌超過兩成，令很多誤以為Meta是財雄勢大藍籌股的投資者，大失所望。

圖表 1.8　Meta 2022年2月3日股價收盤後暴跌

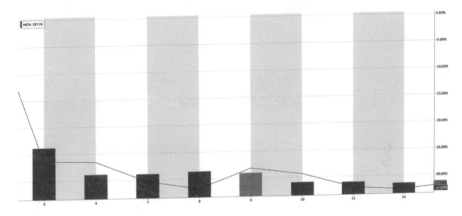

資料來源：雅虎財經

SNAP

社交媒體Snap（Snapchat母公司）在2022年7月22日宣布業績，業績前股價升5.42%，一出業績後股價應聲轉跌超過23%，投資者損失慘重。

圖表 1.9　Snap 2022年7月22日股價收盤後暴跌

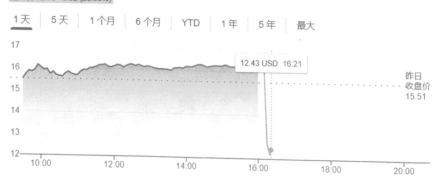

市場概況 > 色拉布

16.35 USD

+0.84 (5.42%) ↑ 今天

收盘时间: 7月21日 GMT-4 下午4:21 • 免责声明

盘后价 12.43 −3.92 (23.98%)

| 1天 | 5天 | 1个月 | 6个月 | YTD | 1年 | 5年 | 最大 |

12.43 USD　16:21

昨日
收盘价
15.51

資料來源：Google 財經

不少朋友都曾問我：如何避開這些出業績後「見光死」的暴跌厄運？我的答案是你只能在公佈業績前將持股賣出，待確認業績沒有問題後才重新買入。不過，你當初不是看好公司及行業前景才買入的嗎？何以公佈業績前，突然這樣沒信心？

其實沒信心的不只你一位，還有很多分析員及基金經理都面對著跟你一樣的煩惱：無論怎樣研究、怎樣貼市，始終無法逃避股價單日暴跌的巨大風險。

風險不能逃避　只能分散

金融學說將股價下跌的風險分為「系統性風險」及「非系統性風險」。「非系統性風險」即是一些只會出現在個別股份的風險，例如公司業績下降、管理層造假、行業政策改變、被政府制裁及罰款等等，即是只會影響單一公司的風險。除非你有預知未來的特異功能，否則這些風險不能百份百避免，只能通過分散投資去化解。

舉例說，你十分看好串流影視行業的發展，除了孤注一擲龍頭股Netflix（NFLX）之外，你還可以選擇投資一籃子動態媒體企業的ETF，例如Invesco Dynamic Media ETF（PBS），裡面網羅了Netflix、迪士尼、Fox等合共21隻影視娛樂公司股份。行業好景時，你等於持有所有受惠股份，股價升幅表現大可以跟上你持有單一個股；而當Netflix股價「出事」，由於你的ETF還包括另外數十隻串流媒體同業股，所以不會像只持有Netflix單一個股般，感受股價暴跌超過25%的震撼。

圖表 1.10　投資組合中的資產數目與組合風險關係

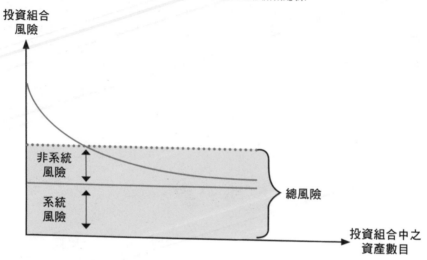

圖表 1.11　比較串流影視 ETF（PBS）及個股 Netflix（NFLX）的回報

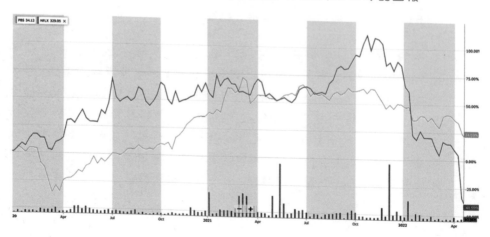

資料來源：雅虎財經

分散投資只能分散「非系統性風險」，至於「系統性風險」則是一些難以透過分散投資去避開的風險，例如2008年的金融海嘯、2020年開始散佈全球的新冠病毒大疫症等，幾乎全球任何一項投資都同時被這些重大事件波及。

通常「系統性風險」的影響較短暫，待事件平息後，經濟反彈，股價便會恢復正常。但是，出現於個股的「非系統性風險」，卻往往足以令投資者傾家蕩產。所以，分散投資不同行業的ETF，仍然是穩中求勝之選。

ETF

1.3 何止 2800？
放眼全球 ETF 選擇多

二十年前我還在讀大學之時，課堂教的金融分析主要分為兩大派：要麼相信股市是沒有效率的，投資者可以通過學習巴菲特的價值投資法，找出有潛質又安全，而且股價被市場低估的股份，在超低價買入然後坐享豐厚利潤；要麼認為市場上充滿效率，每一分秒的股價跳動，都已經充分反映出所有好壞消息及企業經濟數據，所以投資者不應追求跑贏大市，而應「隨波逐流」，直接買入網羅全部藍籌股的大市指數ETF。

美國ETF 百花齊放

當時，大市指數ETF，最多投資者認識的追蹤恆生指數的盈富基金（2800）、追蹤A股50隻藍籌股的A50中國基金（2823）或者追蹤美股道指的ETF - DIA、追蹤標普500指數的ETF - SPY。

其實，投資者不應只看香港ETF，因為全球ETF選擇何其多。回望二十年前，香港能買的ETF就只限追蹤大市指數的ETF，但當時美國已有大量不同行業及投資策略的ETF任君選擇。而時至今日，香港ETF市場仍是選擇有限，比如香港到目前為止還沒有一隻ETF專門投資公用事業，

但在美國，隨便已找到 26 隻不同類型追蹤公用事業的 ETF 了，圖表 1.12
只是列出當中最大市值的 13 隻。

圖表 1.12　投資公用事業股份的美股 ETF

Symbol	ETF Name	Asset Class	Total Assets ($MM)	YTD Price Change	Avg. Daily Share Volume (3mo)	Previous Closing Price
XLU	Utilities Select Sector SPDR Fund	Equity	$14,596	-8.62%	11,573,554	$64.42
VPU	Vanguard Utilities ETF	Equity	$5,263	-8.24%	179,468	$140.73
PAVE	Global X US Infrastructure Development ETF	Equity	$4,222	5.70%	892,464	$28.00
IGF	iShares Global Infrastructure ETF	Equity	$3,801	0.74%	583,013	$46.18
NFRA	FlexShares STOXX Global Broad Infrastructure Index Fund	Equity	$2,312	-1.19%	147,624	$49.81
FUTY	Fidelity MSCI Utilities Index ETF	Equity	$2,129	-8.27%	328,835	$41.81
IFRA	iShares U.S. Infrastructure ETF	Equity	$1,869	1.13%	207,948	$36.67
IDU	iShares U.S. Utilities ETF	Equity	$940	-8.17%	54,013	$79.47
GII	SPDR S&P Global Infrastructure ETF	Equity	$560	0.38%	49,745	$52.62
RYU	Invesco S&P 500® Equal Weight Utilities ETF	Equity	$374	-7.50%	29,976	$107.62
FXU	First Trust Utilities AlphaDEX Fund	Equity	$334	-5.84%	102,894	$31.27
TOLZ	ProShares DJ Brookfield Global Infrastructure ETF	Equity	$147	-0.90%	43,676	$44.07
JXI	iShares Global Utilities ETF	Equity	$133	-5.62%	9,932	$56.79

資料來源：ETFDB.com

美國ETF厲害的地方，除了多行業多地區選擇外，還可以選擇策略，很多ETF專選低估值、低波幅或高動力的主題，例如有些熟悉期權的朋友，想利用藍籌股做covered call（股票備兌期權），可以直接利用專門做covered call的ETF代勞：

圖表1.13　專門做covered call的ETF

Symbol ⇕	ETF Name ⇕	Asset Class	Total Assets ($MM) ▼	YTD Price Change	Avg. Daily Share Volume (3mo) ⇕	Previous Closing Price ⇕	ETF Database Pro
QYLD	Global X NASDAQ 100 Covered Call ETF	Equity	$6,793	4.27%	3,693,231	$16.26	🔒
QYLG	Global X Nasdaq 100 Covered Call & Growth ETF	Equity	$69	6.70%	17,411	$23.37	🔒

資料來源：ETFDB.com

不過這些covered call策略ETF普遍追蹤的股份都是波幅大的科技股，如果大家有看過我上一本書《有升有息》的話，我已分析過covered call賺期權金的策略，只適宜在股價波幅不高的悶股，如果有covered call ETF是追蹤公用股的話，我才會有興趣投資。

投資單一地區股市的風險

再細看各地區的指數ETF，有些投資者未有時間研究個別行業，但對個別國家／地區情有獨鍾，看好其經濟前景，可選擇買入該地主要股票指數的ETF，那便不用區分行業，直接買入你看好的國家全部市值大的藍籌股。

如果你眼光獨到，在過去十年買入追蹤美國股票指數的ETF，如追蹤美股道指的ETF – DIA、追蹤標普500指數的ETF – SPY，你的回報會十分豐厚；相反，如果你投資的是追蹤港股的ETF盈富基金（2800），你多會對回報感到失望，甚至絕望。即使投資A股ETF，如滬深300指數ETF – 3188，近10年最差也有63.57%回報，大幅跑贏盈富基金。

當然，各地大市指數都依週期上落，若然你可以在恆指跌至20,000點以下買入，升至近30,000點賣掉，過去十年間，你起碼有3次機會大肆炒作一番，得到的回報未必少於「買入及持有」美股ETF。不過，試問有多少投資者可以抵擋貪婪與恐懼，敢與大市逆勢而行，可以完美把握那3次機會，取得不錯利潤？

圖表1.14　追蹤標普500指數ETF－SPY 2014年至2023年的股價

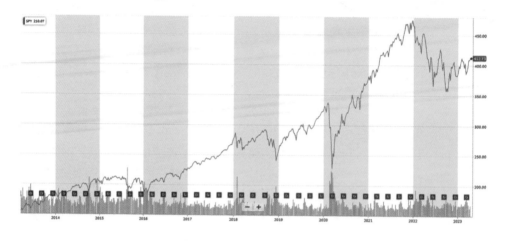

資料來源：雅虎財經

圖表1.15　追蹤恆生指數ETF－2800 2014年至2023年的股價

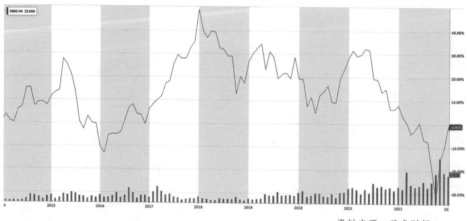

資料來源：雅虎財經

如果你把全部財富投資於單一國家／地區，你就要面對該國的政治政策風險，例如近年俄烏戰爭持續，如果不幸投資了俄羅斯或烏克蘭的股市，都會蒙受巨大損失。雖然中國過去十年的經濟增長位列各國之首，但因為經常出台不同的打壓政策如宏觀調控、三道紅線、反壟斷法等，令股市大起大跌。

圖表1.16　滬深300 ETF在2014年至2023年的股價

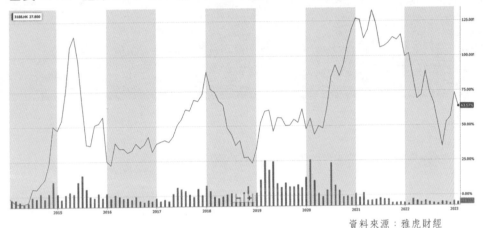

資料來源：雅虎財經

圖表1.17　投資個別國家／地區股市的風險及回報

	研究難度	中
	研究需時	中
	潛在回報	中高
	潛在風險	中

全球股市ETF 分散各國政策影響

如果未能掌握個別國家的經濟政策行情，最好集中在自己認知度比較高的國家／地區指數ETF，或者分散投資多個國家／地區指數ETF，甚至投資全球股票指數ETF，例如Vanguard全球股市指數ETF（VT），裡面持有超過40多個國家合共9,000多家不同類型的股份。

投資於這類全球股市ETF，絕對是最中庸及最平均的投資之道，但也是最「保平安」的王道，因為基本不受個別國家的戰爭或政策影響，只有國際趨勢或席捲全球的重大事件會影響你的投資回報，例如2008年金融海嘯、2020年新冠疫情等。其次是一些大國角力，如美國近十年瘋狂印鈔、近年大幅加息應對通脹問題等，再其次是歐債危機、俄烏戰爭、中美貿易戰等議題，都會對全球經濟有所影響。

總括而言，假如一家公司的管理層出問題，當然直接影響其公司股票業績，對相關行業的ETF可能也有些微影響，但應該不至於左右當地股市升跌；而放眼全球股票指數的ETF，單一股票的升跌更是對環球大市毫無影響。

圖表 1.18 投資全球股市的風險及回報

研究難度	中
研究需時	中低
潛在回報	中
潛在風險	中

股票 ETF 長線完勝

看到這裡，讀者可能會問：為甚麼四類投資的潛在風險都是「高」、「中高」和「中」，「低」風險的投資在哪裡？

在此我要再作說明，本書的部署主要集中於股票ETF，而投資股票的風險本身就比債券、存款等工具高很多，所以無論怎樣分散風險，也只能將「買錯單一股票而股價大幅下跌，結果慘敗」、或是「買錯單一地區的股市指數而大幅下跌，結果輸光」的風險去掉，而由國際政經動盪及其他「系統風險」所造成的波幅還是存在的。

上文已提及，國際政經動盪及其他「系統風險」多屬短暫或中期危機，只要做好分散地域風險，不要在最低位止蝕敗走，以長線或超長線計，投資全球股市的回報，還是遠勝於其他低波幅但亦低回報的投資工具。

圖 1.19　追蹤標普500指數ETF（SPY）與美國投資級別債券
　　　　二十年總回報天淵之別

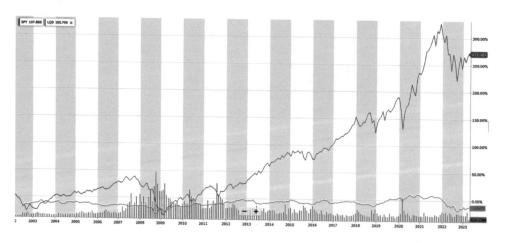

資料來源：雅虎財經

1.4 指數 ETF 跑贏傳統基金

指數ETF因為「無人駕駛」，單純追蹤指數，省回不少管理費，收費比傳統基金低很多。但指數ETF是否單憑收費低，便足以吸引投資者從傳統基金轉投ETF懷抱？當然不是，如果傳統基金收費高，但回報也比ETF高，沒有客戶會跳槽的，但現實是大量高收費的傳統基金，多年來都跑輸指數ETF，又貴又無優於大市的回報，客戶離棄傳統基金，自然正常不過。

科技ETF vs 科技基金

我以前在銀行做客戶經理時，經常介紹客戶買「富蘭克林科技基金」，該基金的回報過去多年跑贏香港恆生指數，客戶普遍滿意我的推介。但其實天外有天，如果那些客戶知道只要開一個美股戶口，他們就可以自行買賣科技ETF（例如美股ETF Vanguard Information Technology ETF，VGT），而當比較一下經銀行買科技基金與買科技ETF的收費與收益(P.44 圖表 1.20 & 1.21)，他們便未必會滿意了：

圖表1.20　富蘭克林科技基金2018年至2022年年度回報

年度表現 (根據股份類別貨幣計算) (%)					
	2022	2021	2020	2019	2018
A (累算) 美元	-44.39	23.17	61.25	38.01	1.40

來源：富蘭克林鄧普頓 2022 年 12 月基金月報

圖表1.21　ETF－VGT 2018年至2022年年度回報

Year	Total return by Market Price
2022	-29.68%
2021	30.28%
2020	46.09%
2019	48.75%
2018	2.43%

資料來源：領航網站

大家不難發現，不論大市升跌，VGT連續五年的表現都跑贏富蘭克林科技基金；而VGT因為單純追蹤指數，每年只收0.1%基金管理費；相反，雖然富蘭克林科技基金表現較遜色，但由於有三位基金經理操盤，基金收取的管理費為1.82%，即VGT的18.2倍！換言之，富蘭克林科技基金收費較高，但回報反而不及收費低廉的ETF！試問當客戶得知此事實，還會不會選擇在銀行買傳統基金？

再者，買賣ETF交易費用便宜，坊間有大量券商標榜免佣交易，只收取平台費；相反，在銀行買基金收費高昂，認購基金的最低收費是投資額的1%。於是，ETF與傳統基金的回報差距便進一步擴大。雖說銀行有客戶經理及專家團隊宣稱可以為客戶的投資保駕護航，但購買這些收費高昂的「專業」服務，到底是否能收穫可觀回報，相信心水清的客戶自有盤算。

上述例子只是冰山一角，如果你的基金經理水平不如股神巴菲特，那倒不如遵從股神多年來對散戶投資者的建議，買入指數ETF與大市同步更好，最少能省卻高昂基金管理費，及避開不必要的人為犯錯。

主動型ETF 回報靠運氣

全球絕大部分的ETF，都是以追蹤不同指數為主，但近十年冒出不少的ETF，由著名基金經理操盤，我們統稱之為「主動型ETF」以作區別。

近年聲名大噪的主動型ETF，相信非「方舟投資」的旗艦基金ARK Innovation ETF（ARKK）莫屬，ARKK於2014年10月上市，直至2021年1月升幅達570%，遠勝標普500指數的同期回報88%。由於回報出色，ARKK的基金經理Catherine Wood被香港一些網民奉為女股神甚至是「契媽」，亦令很多中外散戶前仆後繼瘋狂買入ARKK。

圖表 1.22　比較ARKK與標普500指數SPY表現
（2014年10月至2021年1月）

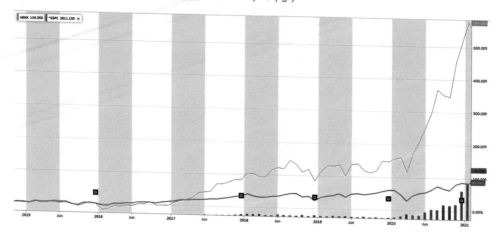

資料來源：雅虎財經

很可惜，ARKK的回報就好比瘋狂過山車，升得多、跌得急。那些在2021年1月高位買入ARKK的中外網友全部遭割韭菜，如在2021年初買入ARKK，直到執筆之時2023年2月底，ARKK已下跌了70%，一眾慕名高追的投資者損失大部份本金，而同期標普500指數卻是正回報6%。

圖表1.23 比較ARKK與標普500指數SPY表現（2021年至2023年）

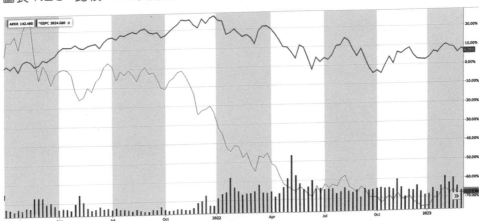

資料來源：雅虎財經

聚焦指數ETF 方為王道

投資主動型ETF，你的回報完全取決於你選的基金經理是否專業、有沒有獨到眼光、每年操盤的狀態，最重要還是基金經理和你有沒有足夠的運氣。你對基金經理有足夠的信心，就不妨投資多些金錢；如果你對基金經理不是太了解的話，我奉勸你還是小注怡情好了。

主動型ETF，其實並非全球ETF的主流，被動型追蹤指數的ETF才是我們的焦點。世界上主要國家的股票市場都有各式各樣的ETF，接下來的第二章，我會逐一介紹很值得大家關注的ETF市場、ETF發行商，以及不同風險程度的投資部署。

Chapter 2
認識各類ETF
作「有升有息」部署

ETF

EXCHANGE
ETF
TRADED FUNDS

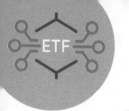

2.1 全球 ETF
美市獨佔鰲頭

前文提及，全球各地ETF選擇繁多，作「有升有息」部署之前，投資者宜先檢視自己的風險承受能力。我建議，追求高增值而可以承受較高風險的，宜主力在美股ETF尋寶，反之，追求穩定增長及收息的投資者，可考慮多配置資產於新加坡、日本、加拿大及澳洲的ETF，我會在章節2.5分析選擇優質ETF的竅門。

美國ETF：規模最大、款式最齊

1993年1月，道富銀行推出追蹤美國標普500指數的SPDR S&P 500 ETF Trust（SPY），美國第一隻ETF正式誕生，及至三十年後，SPY仍是穩站ETF市值及成交金額之首。

圖表2.1 SPY 1993年至2023年的股價

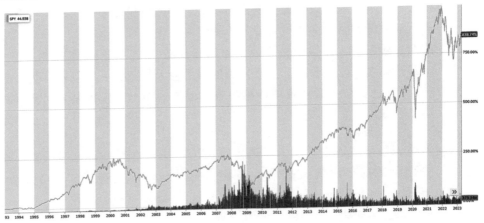

資料來源：雅虎財經

時至2023年，美國已有超過3000隻不同類型的ETF上市，根據2022年數據顯示，於美國上市的ETF佔全球市值接近70%，市場發展得非常成熟，相比之下，雖然於歐洲上市的ETF也有超過3000隻，但規模較少，佔全球市值14.4%。

購入美國ETF的交易費用，亦比其他市場合理，但要留意，買美國ETF更收股息稅。

投資回報的大敵：股息稅

很多國家都以收入為準則徵稅，而在美國，股息也計算為收入的一種，投資者投資美國上市的企業，會被收取股息金額30%的「股息稅」，即是股息的實際收益打七折。美國的股息稅徵收範圍包括普通股、優先股以及房託基金（REITs），不論買入正股或是ETF。

我對收息股及REITs情有獨鍾，因為能長期派發高股息的公司多是業務穩定，無須再花巨資發展仍能持續增長，雖然增長較慢但勝在夠穩定。但這類股份的回報主要依靠股息，其價格回報率可能比不上一些不派息的增長類股份，可以說股息就是收息股及REITs的主要回報來源，若然這部分天生已被稅收打了七折，總回報便會大大減少。所以投資美股的ETF時，我會避免選擇這些依靠股息回報的公司組合或行業，而多選高增值的ETF。

例如信息科技是最近二十年最佳行業，這些新經濟股多是不派息，賺的錢全數用來再投資高增長業務。如2004年你投資ETF - Vanguard Information Technology Index Fund（VGT），追蹤科技股指數，總回報達6倍以上，成績有目共睹。

圖表2.2　VGT 2004年至2023年的股價

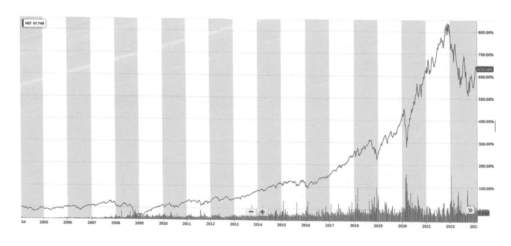

資料來源：雅虎財經

不過，不少投資者都對美國股息稅有一大誤會，我先考考你：如果買入一隻美國上市的ETF，而該ETF持有的是全美股，那ETF所派的股息，當然全數要被徵收30%股息稅；但如投資的美國上市ETF，所持有的不是美股，那還要自動全數被扣30%股息稅嗎？

答案是否定的。因為股息稅是多少，要看這ETF所投資國家而定，如果你投資美國上市的港股ETF，或是新加坡股ETF，因為香港及新加坡本身沒有股息稅，所以就算你在美國市場投資追蹤香港或新加坡的ETF，那最終股息稅必定是零。而加拿大的股息稅率是25%，日本的股息稅率則為20%（各國股息稅可參考章節2.2）。

故此美國ETF股息稅是多少，要看ETF持有什麼國家的股票，而非看ETF在哪裡上市。

避開美國債券 ETF

剛才提到，美國股息稅只適用於普通股、優先股及房託，即是說投資債券所得的債息並不需被徵收股息稅。如果大家在盈透證券（Interactive Brokers）直接投資債券，的確能實收全部債息，但如果希望分散個別債券倒閉的風險，改為以ETF或封閉式基金（CEF）等買入債券，就要先付股息稅了！

即使投資者直接投資債券，大部份券商還是會先扣起債息金額的30%，然後在每年年初退還大部份稅金，只不過退還時間、發放金額以及計算方式都是高度黑箱作業，透明度完全是零！這導致投資者在前期規劃及後期計算回報都會大失預算。

而且，過去十多年環球維持低息，大部份債券的債息回報都偏低，2022年債券類投資的價格跌幅與股票不相伯仲；但在升市期間，債券卻因其特質關係令升幅遠遠跑輸股票類投資。故此，不論收息或增值，美股債券或債券ETF均不是好選擇，只淪為低回報短炒工具。

故此，我認為，追求高增值而可以承受較高風險的，宜主力在美股ETF尋寶，我會在第四至六章，詳細介紹投資高增值ETF的不同策略。

2.2 低稅 ETF 哪裡尋？

現時，香港券商支援的交易市場越來越多，股市投資已不限於香港、中國 A 股以及美國市場。如果投資者追求分散地緣風險，遠離激烈動盪的中美港市場，可考慮將資產佈置在一些較平穩的股票市場，例如亞太區的新加坡、澳洲及日本，以及遠一點的加拿大。

這些地區的 ETF 市場較香港成熟，貨架上各類 ETF 齊備，但所追蹤的股票波幅遠比中美港為低，只要對沖好匯率風險，不失為穩健選擇。

圖表 2.3　富途證券　提供加拿大股票及 ETF 報價

報價	資訊	評論

VRE VANGUARD FTSE CDN CAPPED REIT INDEX TR UNIT ⚙

30.310 ↓ -0.650 -2.10%　已收盤 03/10 16:00 美東

🔔

🇨🇦 ⚡ 📄 ♥自選

最高價 30.990	開盤價 30.990	成交量 1.2萬
最低價 30.200	昨收價 30.960	成交額 36.54萬
52周最高 37.680	股息TTM --	資產規模 --
52周最低 26.480	股息率TTM --	總掛行量 --
歷史最高 38.750	換手率 0.00%	量　比 1.61
歷史最低 19.580	溢　價 --	委　比 --
交易貨幣 CAD	每　手 100股	振　幅 2.55%

∧

盤口	資金

逐筆成交 ⓘ　　　　　　　　　⊙ ☰

15:55 30.160	51 ▼	30.990	━━ 6.51%
13:58 30.200	1 ▲	30.900	0.47%

資料來源：富途牛牛 app 截圖

圖表2.4　2023年各國所收取股息稅稅率

Country	Withholding Tax
Australia	30%
Canada	25%
China（Mainland Incorporated）	10%
China（Offshore Incorporated）	0%
Japan	20%
Singapore	0%
U.S.	30%

資料來源：https://www.spglobal.com/

善用香港與外國的避免雙重徵稅協定

讀者可能會問：加拿大的股息稅為25%，其實不比美國低很多，為何值得投資？原來，香港跟加拿大已簽訂避免雙重徵稅協定，詳細稅率可參閱稅務局網站。香港人買入加拿大股票或ETF的股息稅率，會由原本的25%大幅降低至15%；買入日本股票或ETF的股息稅率則由原來的20%降低至10%，跟買入中資股的股息稅相同，為我們作環球資產配置帶來莫大的便利。

圖表2.5 香港跟不少國家有避免雙重徵稅的協定

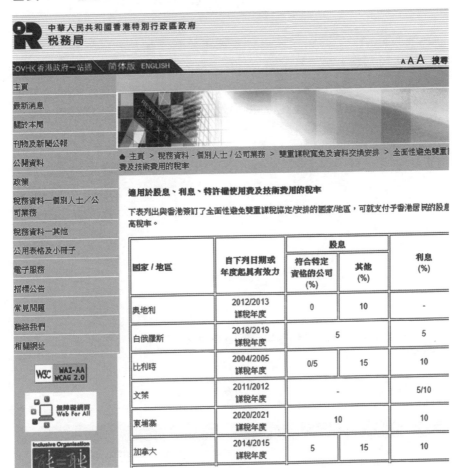

加拿大：早於美國推 ETF

美國最早的 ETF 在 1993 年推出，其實比起鄰國加拿大，已晚了三年。加拿大人口及國力雖不及美國，但其上市的 ETF 數目卻不少，截至 2022 年底達 329 隻。追蹤加拿大大型及流通性最高的藍籌股的 iShares S&P／TSX 60 Index ETF - XIU（XIU 是加拿大編號），是加拿大規模最大，成交最多，也是全球第一隻 ETF。

加拿大十分盛行 ETF 投資，多倫多交易所更設立自家的 ETF 篩選工具，提供很多簡單易明的 ETF 資訊，讓投資者更易參與。加拿大 ETF 種類多而且波幅不如中港美，很適合持有加元，且希望尋找資金出路的投資者。

圖表 2.6　iShares S&P／TSX 60 Index ETF 資料

EQUITY

Fact Sheet　Prospectus　Download

XIU　**iShares S&P/TSX 60 Index ETF**

NAV as of Apr 14, 2023
CAD 31.41
52 WK: 27.85 - 33.68

1 Day NAV Change as of Apr 14, 2023
▲ 0.05 (0.17%)

NAV Total Return as of Apr 13, 2023
YTD: ▲ 6.86%

Overview　Performance　Key Facts　Holdings　Exposure Breakdowns　Literature

Why XIU?
1. Exposure to large, established Canadian companies
2. One of the largest and most liquid ETFs in Canada
3. Started trading in 1990, making it the first ETF in the world

INVESTMENT OBJECTIVE
Seeks long-term capital growth by replicating the performance of the S&P/TSX 60 Index, net of expenses.

資料來源：基金官網

澳洲：ETF市值規模比香港大一倍

與加拿大一樣，澳洲是資源大國，地廣人稀，其有色金屬和礦產資源十分豐富，而且自成一國，本土的金融銀行股相當穩健。雖然澳洲不是標榜金融中心的國家，但其ETF數量也不算少，截至2022年底有310隻ETF在澳洲證券交易所掛牌上市；數量和規模都差不多高香港一倍。

澳洲股市勝在沒有中港美市的波幅，而且與香港時差較少，故此澳洲的ETF較適合持有澳元，但不希望將資產全放在定存的穩健投資者。

代表澳洲大市ETF有iShares Core S&P／ASX 200 ETF（IOZ）（IOZ是澳洲編號），追蹤澳洲200隻市值最大的股份，基金在2010年成立，成立至今（2023年4月）回報已超過2.5倍，回報遠超中港股市。

圖表2.7 iShares Core S&P／ASX 200 ETF（IOZ）資料

資料來源：基金官網

日本：亞太區最大ETF交易中心

截至2022年底，有270隻ETF在東京證券交易所掛牌上市，不但數量較香港多出100隻，市值更超過香港8倍，達4,000億美元。其實環觀亞洲市場，即使中國內地加上香港、台灣、新加坡及澳洲五個地區的ETF市值總和，都不及單一日本市場。

日本近年奉行負利率政策，大量資金投進股市，而且日本巨企在晶片研發、AI及物聯網科技方面有很大優勢，加上受惠疫後復常，日本的房託同時享有穩定租金及超低融資成本的優勢，最近幾年美國股神巴菲特更大幅加持日本股票。

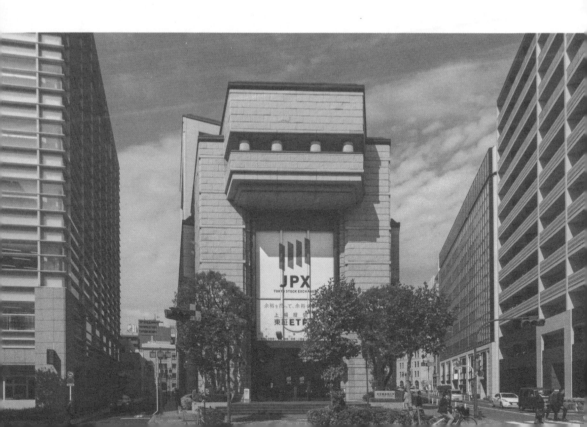

不論進取投資者或穩健投資者，日本都是值得留意的ETF市場。不過，投資日本股票回報極受日元匯價影響，如果只希望追蹤日本股市表現，可以考慮在美股市場投資已對沖日元匯率的ETF，如WisdomTree Japan Hedged Equity Fund（DXJ），名為Hedged即是基金已作貨幣對沖，投資此ETF只反映日股表現，日元匯率升跌不會影響此ETF的回報率。

由於日元在2020至2022年大幅貶值，沒有貨幣對沖的iShares MSCI Japan ETF（EWJ）回報，與有貨幣對沖的DXJ一年及三年回報均相差超過百分之十，可見匯率對投資回報影響十分大。

圖表2.8 比較DXJ與EWJ近年表現

Performance

In addition to weekly, YTD and yearly returns, this section features the ETF's beta, P/E ratio, dividend data, and risk metrics. Risk adjusted return comparisons can be made with the help of beta and standard deviation on this page.

	DXJ	EWJ
1 Week Return	3.21%	1.85%
2 Week Return	2.09%	1.55%
1 Month Return	1.62%	3.70%
3 Month Return	9.65%	4.16%
26 Week Return	15.18%	20.01%
YTD Return	12.18%	8.16%
1 Year Return	18.11%	1.75%
3 Year Return	21.88%	6.89%

資料來源：基金官網

新加坡：簡單就是美

香港很多媒體總是吹捧新加坡，認為其金融發展已超越香港，但只要認真翻查數據，就知道香港的股票及ETF市場早已遠遠拋離新加坡。香港股票市值是新加坡的9倍以上，成交金額則超過新加坡20倍以上；而在新交所上市的ETF不足60隻，市值只有100億美元，只及香港的五分之一。

股市及ETF市場規模比拼是政府之間的競爭角力，我們作為小投資者，只需計較回報而已。新加坡與上文提及的澳洲和加拿大一樣，沒甚麼新經濟股及科技股等熱炒項目，比較多穩定分紅的成熟舊經濟股及房託基金，所以是穩健投資者的資金好歸宿。

追蹤新加坡海峽時報指數31隻成份股的ETF 有 SPDR Straits Times Index ETF（ES3是新加玻編號），2002年成立以來年回報6.43%，是穩健之選。

圖表2.9　SPDR Straits Times Index ETF（ES3）資料

SPDR® Straits Times Index ETF

ES3

Fact Sheet
Equity

As of 02/28/2023

Fund Objective

The investment objective of the Fund is to replicate as closely as possible, before expenses, the performance of the Straits Times Index ("Index"). The Fund will seek to achieve this objective by investing all, or substantially all, of its assets in Index Shares in substantially the same weightings as reflected in the Index.

Index Description

The Straits Times Index (STI) is the globally-recognised benchmark index and market barometer for Singapore. With a history dating back to 1966, it tracks the performance of the top 30 eligible companies listed on the Singapore Exchange. The STI adopts FTSE's international methodology for compiling stock indices and has been designed to be tradable to meet the needs of both domestic and international investors.

Key Features

- Diversified Exposure
- Trades like a Stock
- No Sales Charge
- Low Cost

Fund Information

SGX Stock Code	ES3
Inception Date	04/11/2002
SGX Listing Date	04/17/2002

Key Facts

Stock Code	ES3
ISIN	SG1W45939194
Exchange	Singapore Exchange Securities Trading Limited
Manager	State Street Global Advisors Singapore Limited
Trustee	DBS Trustee Limited
Underlying Reference Asset	Straits Times Index
Board Lot Size	1 Share
Base Currency	SGD
Dividend Policy	Semi-Annually at Manager's Discretion

Performance

	Fund (%)	Index (%)
Cumulative Performance		
1 Month	-2.81	-2.77
3 Months	-0.60	-0.46
6 Months	1.88	2.16
Annualized Performance		
1 Year	4.43	4.93
3 Years	6.23	6.78
5 Years	2.01	2.41
10 Years	3.20	3.67
Since Inception (04/11/2002)	6.43	6.53

資料來源：基金官網

比起澳洲跟加拿大，新加坡市場還有一項明顯優勢，就是新加坡元匯率比較穩定，能節省對沖匯率的成本；而且新加坡與香港、中國大陸及台灣都沒有時差，買賣更加方便。

總括而言，追求穩定增長及分紅的投資者，可考慮多配置資產在新加坡、日本、加拿大及澳洲的 ETF。我會在第三章介紹穩健 ETF 投資策略時，再詳細介紹以上幾個國家的 ETF。

香港：不太健康的寡頭壟斷

綜觀環球 ETF 情況，回望香港的 ETF 的發展，寡頭壟斷情況令人惋惜。根據基金公司易方達（香港）的 ETF 2022 年度報告，於香港上市的 ETF 合共有 172 隻，市值接近 4,000 億港元，惟市值最大的 20 隻 ETF 總規模是 3,485 億港元，已佔香港整體 ETF 市值 88%，即是其他的 152 隻 ETF 合共只佔餘下市值的 12%，其發展實屬非常不健康。

由於資訊不流通的關係，大部份投資者只專注熱炒頭二十大 ETF，餘下的 ETF 普遍成交額甚低，甚至零成交，以致香港 ETF 普遍交易費及交易差價嚴重偏高，進一步打擊投資者投資 ETF 的意欲。

雖說香港 ETF 市值接近 4,000 億港元，但放眼全球，此市值只佔全球 ETF 不足 0.5%，遠比日本（4.2%）、中國內地（2.9%）以及澳洲（1%）還要低。

為提高香港 ETF 資訊的流通，我和團隊正開發針對香港 ETF 的比較分析系統，希望可讓投資者一站式簡易分析香港各家基金公司推出的 ETF，鼓勵更多投資者了解不同種類的 ETF 的優質之選。請各位讀者關注我的 Facebook 專頁「良心理財──黎家良」以獲得香港 ETF 的最新資訊。

中國大陸：特色ETF值得留意

據上交所資料，現時於中國大陸上市的ETF有475隻，市值超過12,000億人民幣，但每日成交額不足1,000億，相對深圳及上海兩地股市每日近萬億的正股成交額，比例算低。

過去香港投資者經滬股通或深股通北上投資A股，只能投資個別單一股份，而至2022年7月起，中港兩地正式開展ETF互聯互通，香港投資者可以利用香港股票戶口買賣83隻於國內上市的ETF，其中不少板塊香港投資者較少接觸，財經傳媒亦甚少覆蓋，例如國防軍工、新能源等ETF都是香港中資股沒有的板塊，我會在第三及第四章為大家詳細分析當中機遇。

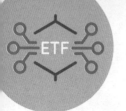

2.3 發行 ETF 基金巨頭逐一數

研究ETF，除了逐個地區、類型、行業、策略挑選外，還可以先選基金公司。雖然我們著眼的「被動型ETF」屬於追蹤指數的無人駕駛投資，但基金公司的風格及理念其實各有特色，有些較傳統、有些較多新穎主題板塊，投資者選擇跟自己投資理念相符的基金公司產品，可以大幅收窄挑選ETF的範圍。

STATE STREET GLOBAL ADVISORS. 道富環球「穩陣」老牌子

道富環球（State Street Global Advisors）是世界第三大基金公司，現時有141隻ETF在美股市場上市，數量不算多，但大多是歷史悠久而且流通量充足。由於歷史悠久，所以道富旗下基金普遍市值都夠大，管理費亦十分低廉。

道富的基金投資主題不算很多，最多人熟悉的就是1993年成立，追蹤標準普爾500指數的ETF - SPY（SPDR S&P 500 ETF Trust）。而1999年由香港政府推出第一隻追蹤指數的「盈富基金」（02800），也是委託道

富環球作為基金經理。雖然2022年3月開始，盈富基金更換基金經理，改由恒生銀行旗下恒生投資所管理，但道富仍繼續出任盈富基金的信託人。

主題行業方面，道富貨架上的ETF有不少甚具代表性的選擇，例如傳媒經常以道富的「XL」字頭系列基金來評價美股某一板塊的表現：

圖表2.10　道富「XL」字頭系列ETF

XLE（Energy Select Sector SPDR Fund）石油能源股基金

XLK（Technology Select Sector SPDR Fund）科技股基金

XLV（Health Care Select Sector SPDR Fund）健康護理基金

XLU（Utilities Select Sector SPDR Fund）公用股基金

XLP（Consumer Staples Select Sector SPDR Fund）消費股基金

XLI（Industrial Select Sector SPDR Fund）工業股基金

XLY（Consumer Discretionary Select Sector SPDR Fund）可選消費基金

XLF（Financial Select Sector SPDR Fund）金融股基金

XLB（Materials Select Sector SPDR Fund）原材料股基金

上述ETF都是在1998年成立，每個主題都只包含數量不多的藍籌股，屬於貴精不貴多，所以適合追求較「穩陣」的行業主題投資者。有部分較進取的投資者可能覺得道富的基金太「老套」，表現只屬不過不失，情願選擇投資其他公司的基金。

Vanguard® 先鋒領航　夠分散夠便宜

先鋒領航（Vanguard）推出的ETF產品可謂旗幟鮮明，標榜兩大主要特質：第一是投資夠多夠分散，其次是管理費夠便宜。

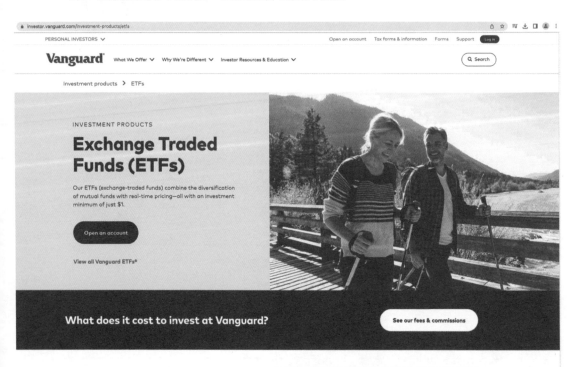

Vanguard的ETF，無論是投資全球股票的ETF（VT，Vanguard Total World Stock Index Fund ETF），或者投資個別行業股份的ETF（VGT，Vanguard Information Technology Index Fund ETF），基金內的持股數量都是行內第一多，而管理費也遠比普遍基金公司便宜。

圖表2.11　領航的著名指數基金

VT（Vanguard Total World Stock Index Fund ETF）全球股票基金

VTI（Vanguard Total Stock Market Index Fund ETF）美國總體市場指數基金

VEU（Vanguard FTSE All World ex US ETF）全球股票（不含美國）基金

BND（Vanguard Total Bond Market Index Fund ETF）總體債券指數基金

VNQ（Vanguard Real Estate Index Fund ETF）美國房託指數基金

VGT（Vanguard Information Technology Index Fund ETF）美國資訊科技指數基金

VHT（Vanguard Health Care Index Fund ETF）美國健康護理股指數基金

iShares 安碩　主題ETF有特色

by BlackRock

安碩（iShares）屬於貝羅德旗下的指數基金公司，香港投資者較熟悉的有安碩A50中國基金。有別於道富及領航，安碩推出的主題指數ETF（不論是股票或債券基金）較有特色，而且經得起時間考驗，管理費也因基金歷史悠久且具足夠規模，顯得較相宜。

圖表2.12　iShares的特色指數基金

IHI（iShares US Medical Devices ETF）美國醫療器械基金

IHF（iShares US Healthcare Providers ETF）美國醫療供應商基金

ITA（iShares US Aerospace & Defense ETF）美國航天國防基金

FALN（iShares Fallen Angels USD Bond ETF）墮落天使美元債券基金

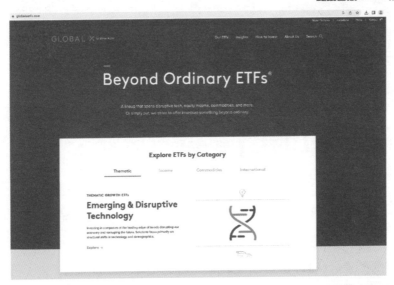

GLOBAL X Global X 創意主題&素質參差
by Mirae Asset

未來資產管理（Global X）屬於新進的指數基金公司，其業務進取，推出的ETF十分有創意，幾乎任何流行的投資主題都能找到Global X的指數ETF。只是，其素質或有點參差，但小心發掘的話仍可找到驚喜。

圖表2.13　Global X的ETF投資主題應有盡有

HYDR（Global X Hydrogen ETF）氫能源ETF

URA（Global X Uranium ETF）鈾礦商 ETF

SNSR（Global X Internet of Things ETF）物聯網ETF

QYLD（Global X Nasdaq 100 Covered Call ETF）納斯特克100指數備兌換購期權ETF

看完這些主流的ETF公司介紹，讀者可能已有「心水」之選，下一章節2.4我再跟大家講講，挑選優質ETF的竅門。

2.4 選擇優秀 ETF 的竅門

很多投資者選擇ETF只在乎回報率,認為回報夠高就是好ETF;但尚未選擇個別ETF前,知道如何篩走一些明顯質素較差的,只留意優質之選,絕對可以令你省回不少時間。尤其很多時候,同一投資主題都有多於一家基金公司的ETF產品可供選擇,使人眼花繚亂。

1. 市值及成交量

假設兩隻ETF所有條件相同,選擇市值及成交量較高的ETF,一定是最有保障。

ETF收取的管理費低廉,基金公司收取管理費的金額便是按照基金規模,規模越大,所能收取的管理費金額自然水漲船高。相反,當一隻ETF無人問津,沒新錢投進去,原有的錢又不斷被贖回,基金規模越縮越少,基金公司不能賺取足夠管理費,便有機會把基金關閉。

成交量也跟市值有莫大關係,一般市值高的ETF成交也會較暢旺,意味著投資者不易因買賣差價闊而被蠶食應得回報。規模細的ETF,可能因

為新成立或不受歡迎，以致成交低落及差價闊，需要較大的價格升幅，才能彌補被差價蠶食的回報。

2. 成立年期

成立年期夠長的ETF，才有足夠的往績，可供投資者研究過去走勢及回報等數據，尤其要了解基金過去在牛市及熊市時的表現，才能預計自己應投放多少資金或選甚麼時間點去投資。成立年期短的，沒有足夠數據可以分析，變相令投資風險提高。

成立年期與ETF市值及成交量也甚有關係，新ETF在成立初期通常規模及成交量都比較少。不過，從樂觀看，如果你眼光獨到且不介意基金初成立面對的起始問題，回報一定比投資成熟期的基金更高。

3. 開支比率

ETF屬於被動型追蹤指數的無人駕駛基金，所以管理費理應遠低於需要支付基金經理薪水的主動型基金。以領航的「Vanguard Total Stock Market ETF -VTI」為例，其開支比率（Expense ratio）低至0.03%，而追蹤納指100指數的ETF「QQQ」開支比率為0.2%，明顯較前者高。新成立的基金或追蹤特定行業的ETF，其開支比率會更高，如Global X的「Global X Uranium ETF」（追蹤鈾的ETF）開支比率達0.69%。

而香港的主題式ETF，由於成立年期及基金規模都不如美股，所以ETF的收費普遍較高，不少ETF的開支比率更高達1%；希望香港的ETF有更多投資者參與，從而令其ETF收費下降。

4. 指數構成方法

ETF大部分是追蹤指數之基金,而所追蹤的指數到底如何構成,當中大有學問。如果你懂得其構成之方法,你便會知道這隻ETF是用來緊貼大市、分散風險,或是幫你「博到盡」,賺取最多回報。

價格加權

價格加權指數的構成,是單純以成份股價格總和除以成份股數目,完全不考慮股份市值、流通性以及代表性。綜觀全球,市場上的價格加權指數,就只有創立於1885年的「道瓊斯工業平均指數」。以現代角度看來,一隻只論股價而不論市值,成份股數目還要偏低的指數能活到今時今

日，實在奇怪；而全球普遍傳媒及散戶都認為，道指是最能代表美股的指數，就更是奇怪！慶幸的是，現今世界上絕大部份市場的指數，都不再使用這種百年前的方法去計算了。

圖表2.14 DIA的十大持股

DIA Top 10 Holdings

UnitedHealth Group Incorporated	9.49%
Goldman Sachs Group, Inc.	7.19%
Home Depot, Inc.	6.17%
Microsoft Corporation	5.15%
McDonald's Corporation	5.09%
Caterpillar Inc.	4.81%
Amgen Inc.	4.69%
Visa Inc. Class A	4.48%
Boeing Company	4.14%
Honeywell International Inc.	3.89%
Total Top 10 Weighting	55.12%

資料來源：Etf.com

以上是追蹤道指的ETF－DIA的十大持股，大家可看看報價機，查詢一下這些成份股的報價，可見這十大持股是按股價的高低排序的！

市值加權

美國的標普500指數、香港的恆生指數、中國大陸的滬深300指數等等，都以市值加權形式編制，這些指數的成份股，通常加起來已佔該地區整體股市的大部份市值；例如標普500指數的成份股，佔了美股總市值超過80%，香港的恆指成份股則已佔港股整體市值超過60%。基本上投資追蹤大型指數的ETF，就要有心理準備，你的投資不論升跌也會跟大市同步。

如果投資特定行業或主題的指數ETF，而所追蹤的指數採用市值加權，該ETF就肯定包括該板塊市值最大的成份股，投資風險會較主要投資中小型股的ETF低。

圖表2.15　SPY的十大持股

Apple Inc.	6.60%	Tesla Inc	1.63%
Microsoft Corporation	5.75%	Berkshire Hathaway Inc. Class B	1.62%
Amazon.com, Inc.	2.55%	Alphabet Inc. Class C	1.48%
Alphabet Inc. Class A	1.66%	Exxon Mobil Corporation	1.38%
NVIDIA Corporation	1.63%	UnitedHealth Group Incorporated	1.33%
		Total Top 10 Weighting	25.62%

資料來源：Etf.com

標普500指數基金（SPY）雖說有500隻成份股，但頭十大持股已佔整個基金的十分之一；換言之，大型股有甚麼風吹草動的新聞，該指數就很易被這些大型股的股價變動拉上拉落。

分級制（*Tiered*）

有部分行業較為新穎，例如氫能源、人工智能機械人等，根本沒有大市值的龍頭股份；所以這些行業的ETF都會盡量網羅最多數量的股份，只要其中幾隻股份由小變大，基金回報會就會變得很可觀。

舉例這隻投資全球自動化機械人行業ETF - Global Robotics and Automation Index ETF（ROBO），當中10大持股很平均分佈，都是名不經傳的小型股份，可見這隻投資新興行業的ETF，主要投資小型股份，跟追蹤市值加權指數中大型股份的ETF相比，風險明顯高很多。

圖表2.16　ROBO的十大持股

Harmonic Dri...	2.22%	Zebra Techno...	1.75%
IPG Photonic...	1.80%	Teradyne, Inc.	1.67%
Fanuc Corpor...	1.79%	ServiceNow, I...	1.67%
Kardex Holdi...	1.78%	Keyence Corp...	1.64%
HIWIN Techn...	1.77%	Cognex Corp...	1.63%

Total Top 10 ...

17.73%

資料來源：Etf.com

5. 指數選股範圍

我們投資ETF的目標是盡最大可能分散投資，所以投資同一市場或主題時，最好投資範圍夠闊，覆蓋較多股份的ETF。

我舉個例子，很多穩健型的美股投資者，都喜歡選年年股息有增長的藍籌股作長線持有，而「股息貴族」ETF － NOBL是一個不錯的選擇。

很多網紅都會推介Proshare 出品的「股息貴族」ETF，大家留意一下基金介紹：基金專門投資標普500成份股內，連續25年增加派息的股份。即是需要同時符合以上兩個條件的股份，這ETF才會投資。但不少新經濟或科技股即使持續增加派息，但只要派不夠25年都未能納入，到持續派足25年之時，股價已升了不少，基金可能會接貴貨了。

圖表2.17 「股息貴族」ETF的基金介紹

NOBL
ProShares S&P 500 Dividend
Aristocrats ETF

Overview	Efficiency	Tradability

What is NOBL?

NOBL tracks an equal-weighted index of S&P 500 constituents that have increased dividend payments annually for at least 25 years.

資料來源：基金官網

領航出品的股息增長基金（VIG）選股原則顯得相對簡單，只要股息連續增長10年即可納入此ETF，大批新經濟或科技股可以入圍，能減少大量漏網之魚。

實例：選科技股ETF　VGT更勝QQQ

不少散戶都把納斯達克100指數奉為美股科技股的代表，而追蹤此指數的ETF – QQQ（Invesco QQQ Trust）也簡單易記，因此很多散戶買入QQQ就當作投資科技股。這絕對是大錯特錯，因為QQQ天生有選股缺陷，若然細心看其詳細選股範圍，裡面很可能不是你希望投資的股份。

美股有兩大主要交易所，一是紐約證券交易所（The New York Stock Exchange，NYSE），一是納斯達克交易所（NASDAQ）。NASDAQ 雖然標榜是主要新經濟股、科技股的交易所；但其實亦有不少有科技股龍頭選擇在紐約交易所上市，例如惠普（HPQ）、IBM、戴爾（DELL）、SNAP、Vmware（VMW）等等，因為它們不是在納斯達克上市，因而未被包含在QQQ。

而且，納斯達克100指數有不少中概股混入其中，例如京東（JD）及拼多多（PDD），雖然比例不高，但對於全心希望投資美國科技股的投資者而言，該有的股份沒有，不該有的股份又偏偏出現。主要的原因是QQQ的投資宗旨只是「投資納斯達克指數市值頭100的股份」，從來沒有提過只買科技股。

所以，投資美國整體科技股，我會選擇覆蓋最全面的ETF，例如領航的出品信息科技ETF（VGT），就沒有上述QQQ的所有問題了。

最近幾年，我不時都會比較，投資一隻較全面的科技股ETF（VGT）與一隻「不倫不類＆並非只買科技股的科技股ETF」（QQQ）的回報，結果任何時間VGT都是跑贏！

圖表2.18 比較QQQ與VGT表現（截止至2023年2月13日）

QQQ	VGT
1 Month	1 Month
8.37%	9.41%
3 Months	3 Months
6.00%	7.45%
YTD	YTD
14.35%	14.97%
1 Year	1 Year
-11.62%	-8.78%
3 Years	3 Years
9.88%	11.75%
5 Years	5 Years
14.60%	18.10%
10 Years	10 Years
17.27%	19.05%

* Performance as of 02/13/23

資料來源：Etf.com

6. 持股數目

就算同一主題，不同基金公司的ETF也有不同持股，有些基金喜歡集中持有市值最大的股份，有些則喜歡將投資範圍最大化，包攬同一行業／主題的大小型公司。

這沒有好壞之分，有人認為一次過買入最大市值的公司已足夠分散個股風險，也有人認為將行業內大部分公司一網打盡，才足以分散風險，以及能捕捉小型股的潛在升幅。所以，買入前檢視基金的持股數目是一個必須的步驟。

圖表2.19　比較XLK及VGT持股數量

VGT Vanguard Information Technology E...		VS	XLK Technology Select Sector SPDR Fund	
ETF Facts	MSCI ESG Metrics and Factors 🔒	Costs	Performance	Portfolio

Technology 25/50 Index	Index
Number Of Holdings	Number Of Holdings
370	78

資料來源：Etf.com

同是追蹤美股科網股的XLK及VGT，VGT的持股數量超過XLK四倍。

7. 投資風格

有些ETF主題一樣、名稱相近,但投資項目大相徑庭,原因是所設定的投資風格不一樣。例如 iShares Biotechnology ETF(IBB)及 SPDR S&P Biotech ETF(XBI)都是主要投資美股市場的生物科技公司,但兩者過去的回報相距甚遠,因為其投資風格截然不同:

圖表2.20　比較IBB及XBI市值分佈

VettaFi　ETF Database　Channels▾　Tools▾　Research▾　Webcasts

IBB		XBI	
Market CapPercentage		Market CapPercentage	
Large	66.3%	Small	49.59%
Mid	21.57%	Mid	34.03%
Small	9.74%	Large	11.17%
Micro	2.25%	Micro	5.19%

資料來源:ETFDB.com

IBB主要投資中大型生物科技股,而XBI主要投資小型及微型的生物科技股份。生物科技本身已是高風險行業,當中的小型及微型股自然風險更高,所以XBI比IBB的波幅多很多,即是生科股上漲時XBI會漲多一些,下跌時又會跌得比IBB更慘。

圖表2.21 比較IBB及XBI近十年波幅

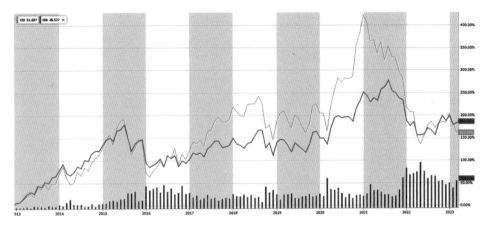

資料來源：雅虎財經

看到這裡，讀者都初步明白選擇ETF的竅門了。接下來的三章，我會詳細講解如何根據自己的風險承受能力及投資目標，善用不同的板塊及策略ETF，建立適合自己的ETF組合。

Chapter 3
穩健增值ETF
選地域及行業策略

3.1 低波幅增值法
避開主戰場

正如我在第一章提及，股票雖是高風險投資，但也可分為高波幅與低波幅的股份。高波幅股份通常都是新興行業，未有盈利，不傾向對股東分紅，業績可以年年有高增長，也可以浮浮沉沉，甚至破產，所以這些股份回報不確定性比較大。相反，很多公司屬於舊經濟行業，業務簡單易明，而且經過多年發展後盈利穩定而且可以分紅與股東分享賺到的利潤，

現在ETF市場已發展得繁花似錦，只要你明白風險所在，你大可依照目標——獲進取高回報抑或是穩健增值，來選擇適合自己的ETF。

不過，在選擇高波幅與低波幅的股份／行業之前，可以先考慮投資的地區，因為近十多年的政經局勢紛亂。我要提醒一點，追求穩健增值的投資者，最好避開跟大戶及大鱷在大國（中國、美國及中美磨心的香港）的大型指數，不要跟他們在主戰場拼命！

如果你自問不怕大市風高浪急，喜歡跟大戶對決，那我建議你，投資世界主要經濟體的大市指數ETF，包括香港的大市ETF或盈富基金，都只宜高賣低買，把握時間炒上炒落獲利，而非一成不變，不應看好一個國家或地區便買入其ETF作長線持有。

大國藍籌　大鱷主要戰場

最近十多年，全球主要經濟體的股市的波幅越來越大，牛熊相隔的週期越來越短，以往由週期谷底到牛市頂部，往往需要十年時間完成，但是到近年，谷底到破頂短至只需三年左右，便能完成一次牛熊週期。

此全球金融亂象的產生，皆因自2008年金融海嘯後，中美及歐盟國家都祭出了不同的量化寬鬆（QE）印鈔方案出來，務求挽救快將倒閉的銀行以及頻臨破產的政府，結果很多錢並沒有流入實體經濟，而是流入金融市場炒作，而全球金融市場既可以QE之錢推升藍籌股及指數，亦可以借炒作消息、黑天鵝等事件，通過借貨沽空來賺取金錢。

金融大國的指數ETF，已成為大戶對決戰場，故投資者要活用其他地域的ETF（如新加坡ETF），避開主要指數戰場，方為較低波幅的增值方法。

圖表3.1　2000年至2022年中外金融大事件

2000年：美國科網股爆破

2003年：沙士疫情，亞太區股樓跌至谷底

2007年：香港出現「港股直通車」炒作，恆生指數首次突破30,000點水平

2008年：因雷曼破產引發全球金融海嘯，全球股市大幅下跌

2009年：中國總理溫家寶宣布四萬億元基建計劃，美國政府宣布第一輪QE計劃

2011年：歐債危機，歐洲多國因無法償還債務，引發金融市場恐慌

2015年：香港因滬港通及深港通開通，引發「港股大時代」牛市，但其後因中國大陸往後推出的熔斷政策，恆指跌至新低。

2018年：2017年港股再次升破30,000點大關，而且以點數計，比上次2007年高位更高，不過2018年初，美國總統特朗普開打中美貿易戰，令中港美股市從高位回落。

2020年：中國武漢市1月份出現新冠疫情，其後迅速在全球散播，美國特朗普政府於同年3月宣布無限量化寬鬆，規模比2009年往後的三次QE總和更大，結果大量資金流入受惠疫情的科技股炒作，香港及美國的指數迅速大幅上升，並於2021年初見頂。

2022年：俄羅斯入侵烏克蘭，農作物及能源價格大幅飆升，引發歐美通脹急速惡化；美國，歐洲及英國央行需要大幅加息，以應對通脹，令全球股債價格大幅下跌。

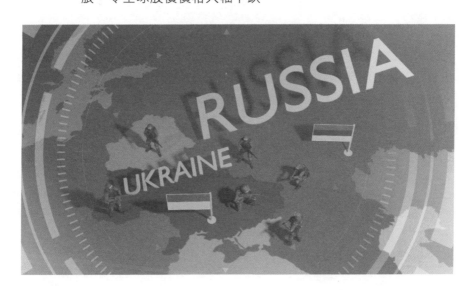

小國寡民地區　大鱷興趣不大

在大型股票市場，一般都有期貨及衍生工具的買賣，而這些工具一般都以主要指數為決勝負的指標，如香港的恆生指數、科技指數；美國的道指、標普500及納指等。大鱷要在期貨市場獲利，必先要炒作指數，所以大型指數成份股，往往成為大鱷兵家必爭之地。升市時，這些指數股上升幅度當然比非指數的更快，但股災下跌時亦比其他股份超跌，投資者走避不及時的話，一定會損失慘重。

從前的ETF只會追蹤大型指數，幸而現在ETF市場已是百花齊放，投資者無需再聽從某些食古不化的KOL，只月供盈富基金或美市指數ETF－SPY抱緊不放。只要你選的ETF不是追蹤大型指數，你大可以按照你需要，選擇波幅較低的地區股票ETF作長線持有。

上文提及過，新加坡股市不論在市值，每日成交等規模指標都遠比香港小，要與香港競爭還有一大段超長距離，但新加坡股市對比香港有一項主要優勢，就是回報遠比香港穩定。

圖表 3.2　新加波海峽時報指數與香港恆生指數2018年至2023年表現比較

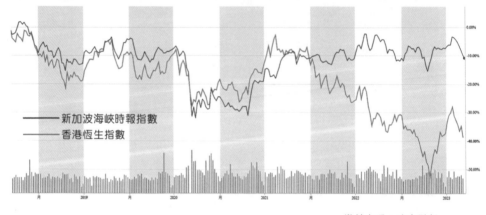

資料來源：雅虎財經

請細看圖表3.2，假設於2018年初高位買入，新加坡指數的上下波幅大概只有20%，但香港的反應則遠較激烈，恆指上下波幅可達50%，遇上跌市真教人痛不欲生。

所以不想承受太大刺激，又想繼續選擇投資大市指數ETF，最好避開中美港日等主要戰場，轉而投資新加坡、加拿大、澳洲、紐西蘭等股市指數，炒賣氣氛熾熱程度不高，增長又穩定，是穩健增值投資者值得研究的地區。這些地區的大市ETF，大部分已在美國上市，大家只需用美股戶口投資即可，當然要注意匯率風險。

真港股ETF EWH vs 偽港股ETF盈富基金

如果你自問對中港經濟較為熟悉，仍然鍾情投資中港股市，也為更方便我們細緻比較中港大市ETF及其他（非大戶主戰場）地區的波幅及回報，我們回頭看看代表香港大市的ETF。

在1999年雙十一上市的盈富基金（2800），以追蹤緊貼恆生指數為投資目標。的而且確，盤古初開的恆指是反映香港經濟盛衰的寒暑表，但是近二十年的恆指絕對是陰陽怪氣，成份股有大量業務及盈利來源近乎與香港毫無關係的企業，而且近年新加入成份股永遠在股價見頂才會被納入指數，試問恆指的表現又怎會好？

圖表3.3 盈富基金的十大持股

主要投資

公司名稱	行業	比重	公司名稱	行業	比重
匯豐控股	金融	9.43%	建設銀行	金融	4.23%
騰訊控股	資訊科技	8.84%	香港交易所	金融	3.09%
友邦保險	金融	8.04%	中國移動	電訊	2.94%
阿里巴巴	資訊科技	7.67%	中國平安	金融	2.75%
美團 - W	資訊科技	5.15%	京東集團	資訊科技	2.51%

主要持股及行業分佈僅截至2023年2月28日，並可能會出現變動。本資料不應被視為投資於某特定行業或購買或出售任何證券的建議。本資料所載行業或股票的未來表現不能被確定。行業資料乃取自恆生投資管理有限公司（「恆生投資」）合理地相信可靠的來源。其他資料則取自美國道富銀行。股票權重乃根據基金總淨資產來計算的百分比數據。成份資料僅供參考之用，並不構成任何買賣基金單位的要約、邀請或推介。

資料來源：盈富基金2023年2月月報

細看盈富基金的頭十大持股，只有香港交易所、友邦保險及匯豐控股主要盈利是來自香港本地，其餘股份絕大部分的盈利來源來自中國大陸，加上這些大陸股份都是一些不甚派息、同股不同權、盈利甚為波動的新經濟股，不單股價波幅大，而且多年的業積表現差，根本完全不代表香港經濟真面目。

果真諷刺，如果大家希望找一隻純粹代表香港本地企業的港股ETF，找來找去，居然只能找到去美國，才能找到真正追蹤香港本地企業的ETF，它跟蹤的不是恆指，而是MSCI香港指數！

圖表3.4 iShares MSCI Hong Kong ETF（EWH）十大持股

Ticker►	Name	►	Type►	Sector	►	Asset Class►	Market Value►	Weight (%) ▼
1299	AIA GROUP LTD		Equity	Financials		Equity	$169,485,555.27	21.18
388	HONG KONG EXCHANGES AND CLEARING L		Equity	Financials		Equity	$101,510,886.29	12.69
16	SUN HUNG KAI PROPERTIES LTD		Equity	Real Estate		Equity	$40,053,680.83	5.01
1	CK HUTCHISON HOLDINGS LTD		Equity	Industrials		Equity	$35,028,882.62	4.38
823	LINK REAL ESTATE INVESTMENT TRUST		Equity	Real Estate		Equity	$33,871,509.63	4.23
669	TECHTRONIC INDUSTRIES LTD		Equity	Industrials		Equity	$31,009,306.32	3.88
27	GALAXY ENTERTAINMENT GROUP LTD		Equity	Consumer Discretionary		Equity	$29,485,142.14	3.68
2	CLP HOLDINGS LTD		Equity	Utilities		Equity	$25,718,755.78	3.21
1113	CK ASSET HOLDINGS LTD		Equity	Real Estate		Equity	$24,997,889.80	3.12
2388	BOC HONG KONG HOLDINGS LTD		Equity	Financials		Equity	$24,934,161.28	3.12

資料來源：iShare 網頁

其實，EWH的十大持股全都是恆指成份股，不過剔除了內銀股、內房股、內險股及主要收入在中國大陸的新經濟股如騰訊、阿里巴巴、小米等股份。持股不多，只有34隻，與盈富基金持股76隻少超過一半，參看圖表3.5顯示EWH及盈富基金2800五年回報率的比較，相信會令不少朋友大吃一驚！

圖表3.5　EWH及盈富基金2800的五年回報率

	2018	2019	2020	2021	2022
EWH	（-8.73%）	10.71%	4.19%	（-3.48%）	（-6.82%）
盈富基金2800	（-13.71%）	8.96%	（-3.54%）	（-14.08%）	（-15.53%）

資料來源：iShares網頁及盈富基金月報

其實，EWH的表現比起其他地區股市都不算理想，但最近五年的回報率，不論升跌都跑贏盈富基金，換言之，港股升市年買EWH會賺多一點，跌市年度買EWH跌幅也遠比盈富基金為低。最離譜是2020年，EWH錄得正回報但盈富基金竟是負回報收場。

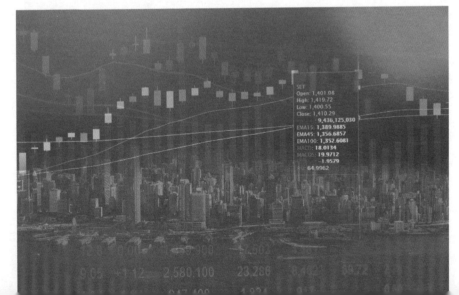

A股ETF vs 2800

既然盈富基金那麼多中國大陸相關股份，我這好事之徒又找來追蹤上海及深圳上市的300隻A股：華夏滬深300 ETF，跟盈富基金比較一下，看看兩者過去五年回報的分別：

圖表3.6　華夏滬深300 ETF及盈富基金2800的五年回報率

	2018	2019	2020	2021	2022
華夏滬深300 ETF 3188	(-24.53%)	37.19%	28.16%	(-4.52%)	(-20.58%)
盈富基金 2800	(-13.71%)	8.96%	(-3.54%)	(-14.08%)	(-15.53%)

資料來源：華夏滬深300 ETF及盈富基金2023年2月月報

華夏滬深300 ETF雖然在下跌年比盈富基金跌幅較多，但在上升年均大幅跑贏盈富基金，如果大家喜歡炒上落的話，炒華夏滬深300 ETF又比盈富基金划算。

新加坡大市ETF

前文提及，新加坡股市不論市值及成交量均遠低於香港，故此追蹤新加坡大市的 iShares MSCI Singapore ETF - EWS，此基金只有23隻持股，十大持股已佔基金超過70%持股，非常集中。

圖表3.7　追蹤新加坡股市的ETF：iShares MSCI Singapore ETF(EWS)
　　　　十大持股

All Holdings from EWS

Name	Holding Allocation
DBS Group Holdings Ltd	19.49%
Oversea-Chinese Banking Corporation Limited	13.32%
United Overseas Bank Ltd. (Singapore)	10.56%
Sea Ltd. (Singapore) Sponsored ADR Class A	5.48%
Singapore Telecommunications Limited	4.48%
CapitaLand Ascendas REIT	4.28%
Wilmar International Limited	3.73%
Singapore Airlines Ltd.	3.65%
Singapore Exchange Ltd.	3.54%
Keppel Corporation Limited	3.31%

資料來源：Etf.com 2023 年 3 月數據

新加坡的經濟規模不大，主要上市公司跟香港一樣都是金融及地產，也有新加坡的國營企業如新加坡航空、新電信及新交所。

很多人都拿新加坡與香港比較，由於盈富基金表現太差而且成份股不太代表香港本地經濟，所以我用同是安碩iShares出品的EWH與EWS比較，從圖表3.8可看到其實香港的EWH五年期間有三年回報跑贏EWS，只要不聚焦恆指及盈富基金，香港本地股份表現其實絕非大家印象般惡劣。

圖表3.8　新加坡EWS及香港EWH回報比較

	2018	2019	2020	2021	2022
EWS	（-11.33%）	14.53%	（-8.49%）	5.56%	（-9.79%）
EWH	（-8.73%）	10.71%	4.19%	（-3.48%）	（-6.82%）

資料來源：iShares 網頁

澳洲ETF回報 完勝新加坡及香港

其實，純港股ETF的EWH及新加坡藍籌股ETF EWS，過去五年的表現都不算理想，要波幅不大又有穩定回報，大家可以放眼遠一點的澳洲，澳洲的藍籌股iShares MSCI Australia ETF – EWA的回報及穩定性，明顯較香港及新加坡ETF理想得多：

圖表3.9 澳洲EWA vs 新加坡EWS vs 香港EWH 五年回報

	2018	2019	2020	2021	2022
EWA	（-12.02%）	22.41%	8.27%	8.95%	（-5.86%）
EWS	（-11.33%）	14.53%	（-8.49%）	5.56%	（-9.79%）
EWH	（-8.73%）	10.71%	4.19%	（-3.48%）	（-6.82%）

資料來源：iShares 網頁

圖表3.9的比較回報，已計入新加坡元及澳元匯率變化，過去5年，澳洲EWA除了2018年跌幅稍多於新加坡及香港外，最近4年的年回報均跑贏香港及新加坡ETF。

iShares的澳洲股票ETF（EWA），追蹤MSCI Australia指數，早於1996年已成立，現在持股有60隻，此ETF並沒有做澳元對沖，故此投資這ETF的回報，除了包含持倉股份的升跌外，還包含澳元兌美元的匯率漲跌。

圖表3.10 澳洲EWA的十大持股

All Holdings from EWA

NAME	HOLDING ALLOCATION
BHP Group Ltd	13.10%
Commonwealth Bank of Australia	9.52%
CSL Limited	8.49%
National Australia Bank Limited	4.94%
Westpac Banking Corporation	4.36%
ANZ Group Holdings Limited	4.12%
Macquarie Group, Ltd.	3.81%
Woodside Energy Group Ltd	3.67%
Wesfarmers Limited	3.43%
Woolworths Group Ltd	2.77%

資料來源：Etf.com

澳洲的大型藍籌股，主要是能源企業及金融企業，EWA頭十大持股有五家是金融股，也有其他大型企業代表，這些企業盈利及分紅普遍較為穩定，而且澳洲金融監管穩健，炒賣氣氛不強，甚少有亞太區的瘋狂炒賣情況出現。所以我認為，EWA為是投資者尋求穩健回報及分散風險之勝地。

3.2 價值美企 ETF 穩定增值之選

我曾經在第一章提及,投資美國ETF不應視「收取股息」為投資目標,因為美股派息要徵稅30%,影響投資回報,甚為不划算。

不過,我在下文分析的美國股息增長股份ETF,其投資目標是求穩定增值,從持續增加派息的股份中去尋找,絕對符合要求,而且下文提及的ETF,年度股息率約1.9%至2%,股息佔每年價格回報率只是很少部份,不會令你得不償失。

中港高息股ETF的陷阱

當然,如果大家目標是收息而不是增值,應考慮投資收息股或房託基金,而香港、中國及美國股票市場均有ETF專門蒐集高股息公司,讓投資者以一隻ETF便可以分散投資大量高股息公司。不過,除了美股要收股息稅,在香港及中國發行的高股息ETF亦有兩大先天不足的問題,以致中港兩地的高股息ETF,根本不適合穩健投資者投資:

1. 中港的高息ETF，大多只是定期掃出股息率較高的股份按市值排序，須知道股息率高未必因為派息高，反而是可能因為股價跌而股息不變，從而拉高股息率。而且，有些週期股，如能源、天然資源、航運股，業績好時派息增加，但行業不景氣業績變差時，便會大幅減少甚至暫停派息。可以想像，高息ETF這樣操作，變相是派高息時高價納入指數，減少派息時就得低價賣掉，所以這類ETF長線回報不會好，這是中港高息ETF背後的一大缺陷。

2. 有些基金公司曾經嘗試推出股息增長類的ETF，但諷刺的是，在中港兩地股票市場，連續多年股息增長的股份甚少，最為人認識的是連續26年增加派息的長江基建（1038），但普遍企業的業績受經營環境影響，業績時好時壞，盈利增加時股息派高一些，盈利減少時，派息便會下降，所以很難出現如美國的股息增長ETF的選擇。

價值美股──盈利及派息持續增長

不少教人投資美股的書籍，都會推薦一些歷久不衰的美股，例如巴菲特的愛股可口可樂（KO），化工股3M（MMM），家居用品股寶潔（PG）等等，他們的共同點是歷史悠久、生意穩定，而且年年增加派息金額，是不少長線基金及退休人士的愛股。

美國「百年老店」的上市公司為數不少，而且這些歷史悠久的企業業務穩定，無需投放大量資金去發展新業務，故此可以每年可將盈利分派給股東。而且，這些企業有加價能力，可以在盈利及派息都做到持續增

長。這些美國老牌巨企,相比那些不派息的股份,或把賺來的盈利全部
投放至生意發展或研發的新經濟股,無疑是十分穩健的投資選擇。

股息貴族ETF 要求過分嚴苛

「股息貴族」(Dividend Aristocrats)這個名稱,是用來稱呼一家公司長期
持續每年派息,而且每年派息都有增加的企業,至於連續增加派息的年
期要多少年才算是股息貴族則沒有定義。

美國ETF中,標榜追蹤股息貴族企業的只有一隻,就是ProShares S&P
500 Dividend Aristocrats ETF(NOBL)。

圖表3.11 NOBL資料

成立日期	2013年10月
持股數目	68
股息率	1.99%
PE	20.5
市值	107.3億美元

(以上資料截至2023年3月)

資料來源:Etf.com

圖表 3.12　NOBL 十大持股

NOBL Top 10 Holdings

West Pharmaceutical Services, Inc.	2.05%
W.W. Grainger, Inc.	1.88%
A. O. Smith Corporation	1.75%
Clorox Company	1.73%
AbbVie, Inc.	1.66%
Cincinnati Financial Corporation	1.65%
Church & Dwight Co., Inc.	1.64%
PepsiCo, Inc.	1.63%
Pentair plc	1.63%
Ecolab Inc.	1.63%
Total Top 10 Weighting	**17.23%**

資料來源：Etf.com

NOBL 並非按市值多少來決定持股比例，而是按照持股數目平均將資金分佈投資，好處是不會被高市值明星股的股價大幅波動影響表現。

不過，NOBL 預設的選股兩大條件非常嚴格，第一是股份必須是標普500指數的成份股，第二是連續25年增加派息。當然，標普500很多

成份股都有連續增加派息,但不少股份因增加派息不足25年而未被股息貴族納入。換言之,不少新經濟或科技巨企都持續增加派息,但因為歷史不夠悠久,增加派息不足25年而未被納入,而到了這些股份能夠納入股息貴族ETF之時,相信其股價已上升不少,屆時此ETF可能會接貴貨了。

圖表3.13 標普500指數連續增加派息的科技股

	截至2023年3月 連續增加派息年期	2023年3月股息率
微軟（MSFT）	14年	0.98%
蘋果（APPL）	10年	0.59%

資料來源：Etf.com

股息增長ETF 心水之選

相比之下，另一ETF WisdomTree US Quality Dividend Growth Fund（DGRW）的十大持股，大家可看到當中有不少是被NOBL拒之門外的科技巨企，如微軟（MSFT）及蘋果（APPL），不單榜上有名，更是基金頭兩隻持股。

美中不足的是，此ETF的選股準則不甚透明，只表明選擇持續增加派息的股份，但沒有明確告知多長持續派息年期，才會入選此ETF持股。

圖表3.14　DGRW資料

成立日期	2013年5月
持股數目	301
股息率	2.1%
PE	19.5
市值	74.7億美元

（以上資料截至2023年3月）

資料來源：Etf.com

圖表3.15　DGRW十大持股

Microsoft Cor...	**7.85%**	Coca-Cola Co...	**2.54%**
Apple Inc.	**5.46%**	Merck & Co., I...	**2.54%**
Johnson & Jo...	**3.57%**	Home Depot, ...	**2.44%**
Procter & Ga...	**2.91%**	Philip Morris I...	**2.32%**
Broadcom Inc.	**2.80%**	Cisco System...	**2.24%**

Total Top 10 ...

34.65%

資料來源：Etf.com

另 一 股 息 增 長ETF為 Vanguard Dividend Appreciation Index Fund ETF
（VIG），為成立時間最早，市值最龐大的股息增長ETF，VIG的十大持股
都是耳熟能詳的美國藍籌股。

不過，VIG不太被華人財經KOL的青睞，主要的原因是基金沒有「股息貴族」這個高貴的名字，吸引華人投資者眼球。VIG的投資目標非常簡單及清晰，連續十年增加派息的大型股份，便可納入此ETF。

圖表3.16　VIG資料

成立日期	2006年4月
持股數目	291
股息率	2.01%
PE	20.89
市值	633.9億美元

（以上資料截至2023年3月）

資料來源：Etf.com

圖表3.17　VIG十大持股

All Holdings from VIG

NAME	HOLDING ALLOCATION
Microsoft Corporation	4.47%
Apple Inc.	4.25%
Exxon Mobil Corporation	3.28%
UnitedHealth Group Incorporated	3.20%
Johnson & Johnson	2.94%
JPMorgan Chase & Co.	2.77%
Procter & Gamble Company	2.56%
Visa Inc. Class A	2.54%
Mastercard Incorporated Class A	2.24%
Home Depot, Inc.	2.19%

資料來源：Etf.com

圖表3.18　NOBL、DGRW、VIG與SPY（標普500指數）五年表現比較
（總回報）

	2018	2019	2020	2021	2022
SPY	（-4.38%）	31.49%	18.40%	28.71%	（-18.11%）
VIG	（-2.08%）	29.62%	15.40%	23.76%	（-9.81%）
NOBL	（-3.28%）	27.39%	8.37%	25.45%	（-6.51%）
DGRW	（-5.36%）	29.55%	13.85%	24.45%	（-6.34%）

資料來源：Ycharts

縱觀上圖之比較，明顯可見股息增長類ETF的表現理想，升市時不比大
市升得少，但是在跌市年的抗跌力馬上顯現，跌幅均低於大市。當然，
踏入2022年加息年，科技股成為做淡大鱷之攻擊沽空目標，科技股佔比
較少的NOBL及DGRW跌幅較少，也是有蹟可尋。

3.3 穩賺行業：
健康護理 ETF

前文提及，股票可分高波幅與低波幅。低波幅的公司當中，有些業務簡單易明、盈利穩定，且有持續增長，我相信，部分的健康護理股就是其中穩陣之選。

病向「錢」中醫

生老病死是人生必經階段，不論經濟繁榮或衰退，生病就要去治療，而且現代人壽命越來越長，各式各樣的長期病痛越來越多，治療方法和藥物亦日新月異，所以整體健康護理行業的收入及盈利，在過去幾十年都屬穩定增長，而此行業一般的股價表現，與大市的相關性較低，故此我認為這是一個值得長線以 ETF 持有的行業，最好不要以此作炒賣。

圖表3.19 健康護理行業分佈

生物科技 (最高風險最高回報)

 醫療機械 (獨門生意 高增長)

醫療服務提供者 (寡頭壟斷 穩定增長)

 藥廠 (大型巨企 增長放慢)

綜合健康護理股

我將健康護理細分為四個板塊，逐一簡介：

生物科技　研發成本超高

生物科技公司主要業務涉及研發新藥及新疫苗，兩者都需要投入大量資金，招攬不少高薪專才，以及研究很長時間才有成果。如果新藥研發成功並取得專利，及至行銷全球，幫助病人克服疾病，生物科技公司便可收回過去研發成本，賺取可觀盈利。

但是，研發新藥過程要克服很多困難，如因技術水平不足或資金不夠，計劃中的新藥往往於研發過程中流產；又或研發步行不及同業快，被其他公司捷足先登，也會令研發成本付諸東流。而針對傳染病研發新藥，即使成功，如病毒已經變弱甚或消失，也是好夢成空，例如新冠肺炎三

年疫情以來,有大量新藥、新疫苗面世,但不少生物科技公司也賺不到大錢。更甚的是,這些研發成果,最後有機會被個別國家以保護國民健康為理由,強行用政策或行政手段令生科公司將新藥平賣,令此類公司的投資者,往往收不到合理回報。

由於過去十多年市場資金充裕,大量只有願景目標、從未有盈利的生物科技公司雨後春荀般上市,以集資做研發,但相信最後能跑出賺大錢的只是極小數。所以這類公司天生高風險,平時股價波幅也比其他公司高,只能通過大量投資同類型公司去分散風險,而投資這類生物科技公司的高風險高回報ETF,我會在下章詳解。

醫療設備　需求有增無減

醫院的治療室、手術室及其他專科檢查房間,都有各式各樣的先進醫療設備,當中有檢查儀器協助醫生診斷病人潛在的病症,如最常見的MRI(磁力共振);有治療的設備,例如治療近視的激光;有生命維持儀器

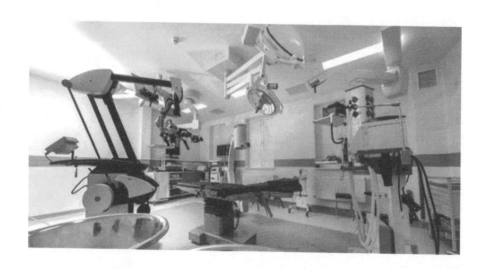

如呼吸機、麻醉儀;以及實驗室用來檢查血液、尿液以及近幾年很流行的核酸檢測。隨著社會老年化,病人越來越多,醫院及診所對先進醫療設備的需求有增無減,銷售及維修這些儀器的行業,絕對是一顆金蛋。

這些醫療設備不同普通電器,因為是性命攸關,如果這些機器品質有問題,會導致診斷不到位,甚至令病人病情惡化甚或死亡。故此生產銷售及維修這些醫療機械的公司,除了擁有高度的專門技術,還需要優良的品質監控,故此生意都集中在為數不多的廠商身上。

醫療儀器ETF 跑贏標普

安碩在2006年5月推出醫療儀器ETF——iShares U.S. Medical Devices ETF(IHI),截至2022年底,十六年以來平均年度化回報為12.17%,賬面升值超過6倍,合共持股64隻,全部都是美股。從IHI與大盤SPY的五年回報比較來看,五年中有三年跑贏標普500指數。

圖表3.20 IHI跟SPY(標普500)回報比較

	2018	2019	2020	2021	2022
IHI	15.47%	32.72%	24.18%	21.03%	(-19.72%)
SPY	(-4.38%)	31.49%	18.40%	28.71%	(-18.11%)

資料來源:ychart 及 ishares

IHI 第一大持股：*Thermo Fisher Scientific*

Thermo Fisher Scientific Inc.（TMO）是醫療機械行業的行業領導，剛才提到的診斷治療儀器全部都有，還有生物科技公司及藥廠需要的儀器都一應俱全。

圖表3.21　Thermo Fisher Scientific Inc.產品清單

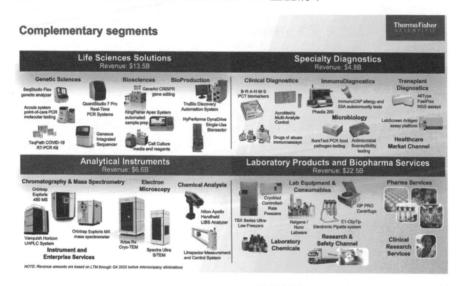

資料來源：Thermo Fisher Scientific Inc. 官網

IHI 第二大持股：雅培

雅培（Abbott Laboratories、ABT）在香港普遍被視為一個嬰幼兒奶粉的牌子，其實雅培除了生成營養品以及藥物，還有銷售醫療診斷設備的業務，而且這板塊賺到錢，遠較賣藥及賣營養品的多。從下圖可看到，醫療器械及診斷設備的收益倍多於藥品及營養品的。

圖表 3.22　雅培四大業務範疇之營銷額

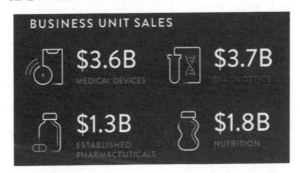

資料來源：雅培 2022 年第三季業績

圖表 3.23　雅培的人工心臟

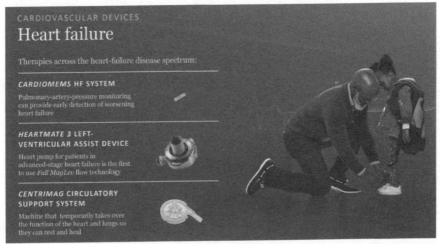

資料來源：雅培官網

醫療服務提供者　穩賺之選

美國與其他眾多國家的醫療制度顯然不同，在香港，如果你是合資格病人，公立醫院只向你收取象徵式的收費，餘額由政府撥款資助。美國則沒有如此醫療「福利」，絕大部分醫療費都是用者自付，所以美國人沒有醫療保險絕對活不下去，因為醫療費用昂貴得驚人。

圖表3.24　美國醫療產業鏈

在美國，不論病人每月支付的醫療保費或是病人要自付的錢，總之整個醫療產業賺到錢，基本上全由病人付出，然後由整個醫療業瓜分，這個產業鏈賺錢最多的，一定是穩賺保費的保險公司，以及前線收取病人醫療費的醫院及診所。

醫療服務提供者ETF 悶聲發大財

iShares U.S. Healthcare Providers ETF（IHF）基本上網羅了上述美國醫療產業鏈的主要參與者，頭兩大持股是聯合健康（UMH）及CVS健康（CVS），都是美國大型醫療保險集團。由於生意規模及壟斷性，收入及盈利十分穩定，故此IHF每年回報，股價波幅均遠較大市穩定。不要以為穩定的回報，其回報率一定不太吸引，其實IHF與IHI在2006年5月同日推出，截至2022年底的年度化回報是11.33%，與IHI同是升值6倍以上，可說是悶聲發大財的投資。

圖表3.25 IHF跟SPY（標普500）回報比較

	2018	2019	2020	2021	2022
IHF	9.61%	22.44%	17.64%	24.37%	（-7.09%）
SPY	（-4.38%）	31.49%	18.40%	28.71%	（-18.11%）

資料來源：ychart 及 ishares

醫療機械及醫療提供者雖然回報穩定可觀，但這兩個板塊ETF都是由iShares發行，多年來都找不到其他相關的ETF可比較，我也想不出有甚麼原因，其他基金公司為何不推出多幾隻類似ETF，讓投資者有所選擇。

回報穩健的大藥廠

美國財雄勢大的藥廠多得很，強生（JNJ）、輝瑞（PFE）及默克（MRK）都是生意穩定及估值低，股價甚少跟隨大市大起大落。

iShares 在2006年5月還同時推出了追蹤美國藥廠的ETF——iShares U.S. Pharmaceuticals ETF（IHE），剛才提到的三大藥廠都在十大持股名單內，按過去五年回報合理預期，升市年度可獲得低雙位數回報，而跌市年度跌幅可在單位數，是相對穩健的美股板塊。

圖表3.26　IHE跟SPY（標普500）回報比較

	2018	2019	2020	2021	2022
SPY	(-4.38%)	31.49%	18.40%	28.71%	(-18.11%)
IHE	(-7.67%)	15.49%	13.82%	12.83%	(-4.78%)

資料來源：ychart 及 ishares

健康護理綜合ETF　穩定回報令人驚喜

領航公司在2004年初推出的健康護理ETF——Vanguard Health Care ETF（VHT），行業包括藥廠，醫療服務提供者，醫療器械公司的大中小企業合共415隻，頭十大持股都會見到剛才IHI、IHF及IHE出現過的著名大公司：

圖表3.27　VHT的十大持股

VHT Top 10 Holdings

UnitedHealth Group Incorporated	8.05%
Johnson & Johnson	7.25%
AbbVie, Inc.	4.92%
Merck & Co., Inc.	4.87%
Eli Lilly and Company	4.55%
Pfizer Inc.	4.12%
Thermo Fisher Scientific Inc.	3.84%
Abbott Laboratories	3.21%
Danaher Corporation	3.10%
Bristol-Myers Squibb Company	2.65%
Total Top 10 Weighting	46.57%

資料來源：Etf.com

從最近五年回報來看，VHT完美發揮健康護理穩定的特質，上升年度升幅接近大盤，下跌年度跌幅都比大市少，2018年更逆勢做出正回報，令人喜出望外。

圖表3.28　VHT跟SPY（標普500）回報比較

	2018	2019	2020	2021	2022
SPY	（-4.38%）	31.49%	18.40%	28.71%	（-18.11%）
VHT	5.58%	21.86%	18.27%	20.56%	（-5.62%）

資料來源：ychart 及 Vanguard

健康護理行業 慎選國家

剛剛介紹的健康護理行業四隻ETF，都以穩定掛帥，由於股價波幅普遍少於大市，很少網紅會推介這類別的個股，介紹健康護理板塊ETF的更是少數。

容我提醒一下，健康護理行業在美國絕對是搖錢樹，但卻是不少國家政府重點監管的行業，例如中國對醫院收費、藥物、疫苗費用，都有嚴格監管，所以中國的醫院及藥企很難像美國般謀取暴利，如要投資中國健康護理行業，只能以量來換取增長。

雖然利用ETF投資一籃子股票，無需細心研究個別公司資料，但每個國家健康護理業監管情況不同，投資前一定要先了解清楚國家的相關政策。

3.4 穩賺行業：軍工商 ETF

最近幾十年，國際地緣政治十分緊張，美國前總統喬治布殊在 2001 年及 2003 年分別發動了阿富汗戰爭及伊拉克戰爭；踏入 2010 年代，中東多地發生「阿拉伯之春」動亂，敍利亞及也門內戰持續超過十年，至今仍未完結，及至 2022 年，戰火更延至歐洲，俄羅斯入侵烏克蘭，戰爭持續至 2023 年中仍沒有任何結束跡象。

美國是全球最大軍火庫

以上列出千禧年以來主要的戰爭及地區武裝衝突，大家不難從中發現，大部分戰爭始作俑者都是自稱為「世界警察」的美國。美國經常渲染中國威脅論，又或北韓、伊朗是邪惡軸心國等，到處燃起戰火，以致自己及盟友每年都增加國防開支，用以購買美國最新軍火。

圖表3.29 世界15大軍事支出國2021年軍費排名

名次	軍隊	支出 （美元／十億）	佔國內生產 總值的百分比	佔全球軍費的 百分比
1	美國	801	3.2	38%
2	中國	293	1.7	14%
3	印度	76.6	2.4	3.60%
4	英國	68.4	2.1	3.20%
5	俄羅斯	65.9	3.1	3.10%
6	法國	56.6	1.4	2.70%
7	德國	56	1.4	2.70%
8	沙特阿拉伯	55.6	6.6	2.60%
9	日本	54.1	1.1	2.60%
10	韓國	50.2	2.8	2.40%
11	意大利	32	1.5	1.50%
12	澳洲	31.8	2	1.50%
13	加拿大	26.4	1.3	1.30%
14	伊朗	24.6	2.3	1.20%
15	以色列	24.3	5.2	1.20%

資料來源：SIPRI 軍事支出數據庫（斯德哥爾摩國際和平研究所）

地球不和平，難怪世界各國的國防預算每年有增無減，2022年爆發俄烏戰爭，就算在疫情及環球加息的惡劣經濟環境之下，國防支出增幅也是毫不動搖，咬緊牙關挺下去。

從圖表3.29的世界十五國軍費開支一看，只有中國、俄羅斯及伊朗不是美國的盟國，而這三國的國防開支加起來，只佔全球軍費開支不足兩成。換言之，美國連同盟國的國防開支佔了全球開支的八成，而這八成開支，很大部分流入了美國軍火商的錢包。

只有世界一天還是不和平，各國的國防開支只會增加不會減少，當然前提是美國還能保持世界霸主及世界警察的稱號才行。如這兩個前提不變，美國軍火商的訂單未來肯定仍是有增無減。

我先跟大家檢視美國四大軍火上市公司。

美國四大上市軍火商

1. Raytheon Company（RTX）

生產銷售的國防產品：雷達、導彈防禦系統、飛彈

2023年3月市值：1,400億

2022年全年銷售額：671億美元

2. Lockheed Martin Corporation（LMT）

生產銷售的國防產品：航管系統、彈道飛彈、軍需品、國家飛彈防禦系統（NMD）、運輸機、戰鬥機、雷達、人造衛星、擎天神系列運載火箭、NASA 奧賴恩太空載具

2023年3月市值：1,185億美元

2022年全年銷售額：660億美元

3. General Dynamics（GD）

生產銷售的國防產品：坦克、戰車、榴彈砲、機關槍

2023年3月市值：598億美元

2022年全年銷售額：394億美元

4. Northrop Grumman Corporation（NOC）

生產銷售的國防產品：戰鬥機、轟炸機、無人機、運輸機、飛彈、氣象系統

2023年3月市值：678億美元

2022年全年銷售額：366億美元

除了上述四大軍火商外，波音公司（BA）一般也被歸類為軍火商，因為波音除了製造民航客機外，更有生產戰鬥機、轟炸機、軍用直升機及防空導彈等。

美國國防業ETF 穩定增長

在美國上市的國防業ETF，可留意iShares U.S. Aerospace & Defense ETF（ITA），專注投資美國航天及國防相關產業股份，基金持股只有37隻，可謂貴精不貴多，原因是航天及國防軍火行業入場門檻極高，加上各國軍隊對於軍火硬件及軟件系統都有很高要求，所以新公司要加入做這些生意可說甚為艱難。而且ITA持股集中，圖表3.30可見其十大持股，已佔總基金總額70%以上。

圖表3.30 ITA十大持股

All Holdings from ITA

Name	Holding Allocation
Raytheon Technologies Corporation	20.57%
Lockheed Martin Corporation	15.75%
Boeing Company	8.14%
TransDigm Group Incorporated	5.12%
Howmet Aerospace Inc.	4.54%
Axon Enterprise Inc	4.47%
Textron Inc.	4.08%
L3Harris Technologies Inc	4.07%
General Dynamics Corporation	3.92%
Northrop Grumman Corp.	3.65%

資料來源：Etf.com

由於有美國及其盟國年年進貢大量金錢購買最新軍備，國防軍工板塊完全不愁生意，股價走勢穩定，可説與上一節的健康護理股，並駕齊驅，雙雙「升升相惜」。ITA的股價與美國大市指數的相關性不高，屬於可以長期持有增值的ETF。

圖表3.31　航天國防ETF與美國大市回報比較

	2018	2019	2020	2021	2022
SPY	(-4.38%)	31.49%	18.40%	28.71%	(-18.11%)
ITA	7.21%	30.52%	(-13.62%)	9.39%	9.97%

資料來源：ychart

中國軍工ETF　可經ETF通買入

國防軍工ETF選擇不多,除了美國上市ETF,也有在A股上市的軍工ETF,我們可比較一下兩者的波幅及表現。

由於國策關係，中國國防企業一般不容許境外上市，所以香港投資者只能通過A股渠道購買，不是，自從2022年7月香港及內地開始ETF互聯互通機制，投資者可以投資83隻內地上市的ETF，其中包括有兩隻軍工ETF。其中可留意這隻廣發中證軍工ETF。

廣發中證軍工ETF（512680）於2016年成立，網羅A股市場大中小軍工股份，不過中國的軍工股種類與美國相距甚遠，因為中國軍工上市公司，主要是有解放軍訂單的重型船舶制造業為主，而真正生產作戰軍火的企業，例如生產東風洲際彈道導彈的中國運載火箭技術研究院、紅旗防空飛彈的中國航天科工集團第二研究院，以及生產殲-20戰機的成都飛機工業集團，又或生產直-20戰鬥直升機的哈爾濱飛機工業集團，都沒有在證券市場上市。

這隻國產ETF，持股選擇已先天不足，加上國內股民經常借地緣政治、台海動盪等因素炒作軍工股，所以此ETF經常大上大落，近五年的年度回報由低至負26%到正回報70%，跟美股的軍工ETF比較之下，兩者回報穩定性可謂天淵之別，而計算五年總回報，更是美國軍工ETF完勝！

圖表3.32 中美軍工股五年回報比較

	2018	2019	2020	2021	2022
ITA	7.21%	30.52%	（-13.62%）	9.39%	9.97%
512680	（-26.28%）	26.48%	70.91%	14.39%	（-26.29%）

資料來源：ychart、廣發基金、東方財富網

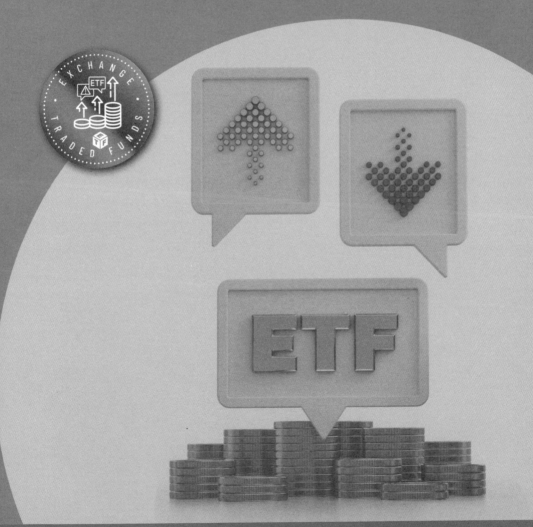

Chapter 4
高增長ETF
風險管理及獲利策略

4.1 朝陽行業：科網股 ETF 不妨進取

股票市場長線汰弱留強，如果投資者不擔心短線波幅，有時間長線增值賺大錢，又或投資者不甘於回報與大市同步，自問有足夠膽量承擔風險，又夠定力不被中間波幅震走，我認為一些高增值的朝陽行業，應該十分適合有足夠實力及耐心「放長線釣大魚」的投資者，但高增值也可能有高風險，如以ETF投資這些板塊，分散風險，應能獲取可觀的回報。

有些投資者自覺有足夠的風險承受能力，以為只需用最高槓桿投資追蹤大市的ETF，就可取得高於大市的倍數回報，於是直接投資／投機於倍數的大市ETF，猜對方向，便能獲得可觀利潤。不過我會建議你可以更加進取，選一些最高增長的行業去做槓桿，選對方向的話，你會獲得比槓桿大市指數更高的回報，當然亦面對更高風險。

ETF已分散風險　不妨進取

我在第一章講過，投資個股的潛在回報一定是最高，但成功就要憑實力或運氣選擇一隻潛在十倍股，然後孤注一擲，持續堅持信念，即使股價不斷創新低，都堅持只買不賣，越跌越買，就有可能一天成功上岸，賺到數十倍回報，獲得財務自由，提早退休。

但是我認為絕大部分投資者都無法透過投資個股獲取倍數回報，原因很簡單，單單看我上文的描述，選中一隻潛在十倍股，對業餘小投資者已是一大挑戰。如沒充足信心，只小注投資，就算選中十倍股，獲得倍數回報亦只能在朋友面前炫耀自己投資眼光高明，但賺到的錢絕不足以提早退休。就算你對自己的分析有足夠信心，用大注資金橫掃，但面對股價大跌，又或面對傳言政策有變、高層做假、管理層不濟，或是未經證實的壞消息，面對市場KOL或網紅都在懷疑中靜靜地沽貨，你最終也投降止蝕的話，那此股將來的升幅，已與你無關。如果你真的孤注一擲，甚或使用槓桿落注，萬一錯誤選股或是出現突發事件，股價一沉不起，更會令投資者損失慘重、傾家蕩產，這些例子我在第一章已講過不少。

反之，選中高增長行業ETF，買入一籃子增長股，即使遇到個別公司業績不理想甚至出事，仍可置身事外全身而退；到該行業景氣，行業大部份公司上升，你亦能享受當中升幅。既然買入ETF，已可分散投資者最不想遇到的單一股價大跌風險，那我們投資的行業不妨進取一些，以期望可透過充足時間跨過中短線牛熊，將來獲得較大市指數為佳的回報。

大型科網股 VS 中小科網股

不論在美國或香港，當一隻科技股市值越來越大，晉身不同的主流指數，就意味著這家企業增長最快的時刻已過。大企業面對的臃腫架構，沉重成本，較慢的決策應變，以及來自監管機構或各國政府，就壟斷、違規、稅務等的不良「關注」。業績增長變慢，亦意味著回報趨向穩定，除非你自行按牛熊週期炒上落，獲取高賣低買的回報。

投資科技有潮流，部份大型科技企業沉醉於昔日光輝，不思進取，對研發放軟手腳，又或新業務、新產品表現不似預期，容易做成股價短時間內大幅下跌，令股東損失慘重，例如社交媒體Meta（META）及半導體商英特爾（INTC）便是企業變大後出事，不但沒有增長，而且近年股價江河日下。

相反，部分小型科技股沒有上述科網巨企的包袱，增長力強大，但普遍投資者都沒有能力研究哪隻初創能夠跑出，倒不如通過ETF分散投資一籃子小型科技股，即使只是其中一些能夠跑出，已足夠令你的回報大幅增加。

中小型股份指數ETF——QQQJ

股市指數都會定時檢討指數持股，將不合資格的股份踢走，將市值及成交較高的股份留下，指數長遠才會壯大，所以用指數ETF方式投資中小型股份，甚為有效，增長變差或已變成巨企的企業均會被篩走，留下來的企業應是在成長較快的階段。

這隻Invesco NASDAQ Next Gen 100 ETF（QQQJ）追蹤的指數，叫Invesco納斯達克特選世代100指數（NASDAQ Next Generation 100 Index），即是納斯特克證券交易所市值排行101位至200位的企業。跟老牌納斯特克ETF QQQ不同，QQQ是追蹤市值頭100隻股份，即是龍頭股，當中的科技股全是大型科網企業。

就像看英國足球，每年都會有升班及降班調整，QQQ是英超隊伍，而QQQJ則是英冠隊伍，QQQ及QQQJ投資的股份是完全不同的，而QQQJ每一季更會按市值調整一次持股比例，每年則調整持股。

圖表4.1 QQQJ 主要行業分佈

Sector Allocation

- Information Technology 33.72%
- Health Care 24.20%
- Communication Services 12.03%
- Industrials 11.21%
- Consumer Discretionary 11.12%
- Consumer Staples 2.50%
- Energy 1.97%
- Materials 1.37%
- Utilities 0.95%
- Financials 0.80%
- Investment Companies 0.13%

▲ 1/2 ▼

資料來源：Invesco 網頁（資料截至 2023 年 3 月底）

雲計算ETF　波幅驚人

另外，科技行業是不少中小微企雲集，我首先介紹雲計算行業，尤其以其中的「軟件即服務」（SaaS，Software as a Service）此商業模式。

從前我們買了一部電腦回來，便需購買及安裝不同的軟件，比如是微軟的 Office，Adobe 的 Photoshop 等等。谷歌早年帶領了行業的潮流，將所有軟件服務移師到自家伺服器上，比如要用試算表，只需打開瀏覽器，登入 Google Spreadsheet 網頁便可使用程式及存檔，無需佔用電腦任何位置安裝及執行。很多以前要經電腦硬件或伺服器完成的工序，現在均可以移師到科技企業的雲端伺服器，從用戶的設備（如普通電腦、手機）遠端登入操作。

從前的電腦軟件是買斷的，付費一次便可終身使用而且享受定期更新，微軟的視窗操作系統（Windows），至今仍是採用此收費方式。所以微軟

每隔幾年便要迫用戶更換視窗系統，而且微軟會定一個日期開始拒絕再提供更新，否則相信不少人的電腦仍會使用 Windows XP 這個非常穩定的元祖級操作系統。

而 SaaS「軟件即服務」以月費／年費提供軟件服務的模式，則讓一眾企業可以有穩定收入，從而持續更新軟件及加價增加收入，而且無需擔心盜版問題。

詳細介紹這兩隻雲計算 ETF—— Global X Cloud Computing ETF（CLOU）及 WisdomTree Cloud Computing ETF（WCLD）之前，我們先看看這兩隻 ETF 與標普 500ETF SPY 及科網股 ETF VGT 過去幾年的回報比較：

圖表 4.2　比較 SPY、VGT、WCLD、CLOU 五年表現

	2018	2019	2020	2021	2022
SPY	（-4.38%）	31.49%	18.40%	28.71%	（-18.11%）
VGT	2.45%	48.61%	46%	30.45%	（-29.70%）
WCLD	-	-	109.70%	（-3.21%）	（-51.64%）
CLOU	-	-	77.18%	（-3.29%）	（-39.56%）

資料來源：Ycharts

CLOU 及 WCLD 兩隻 ETF，都是在 2019 年因應雲計算概念而應運而生的基金，在 2020 年因為新冠疫情，在家工作流行，所有雲計算股熱炒，急升至飛天，主因雲計算的企業中小企比例較多，容易一炒即熱爆。

圖表4.3　CLOU、WCLD持大中小企之比例

CLOU Market Cap Breakdown	
Mid	44.08%
Large	40.5%
Small	12.64%
Micro	1.97%

WCLD Market Cap Breakdown	
Mid	47.45%
Large	27.86%
Small	22.07%
Micro	2.37%

來源：ETFDB.com

從圖表4.3可見，CLOU所持的大型企業約佔4成，但由於行業屬新興行業關係，升跌幅度都遠較追蹤大型科技股的VGT來得高，而WCLD大型股只佔不足3成，整隻基金由中小企主導，所以波幅比CLOU更大。如科技行業再次好景，加上幾年來技術及應用的改進，相信雲計算板塊爆炸力會相當驚人。

金融科技ETF　有穩陣有進取

不少人都喜歡買金融銀行股收息，但金融業因為多年來的量化寬鬆，盈利能力大不如前，故要透過精簡工作流程，以減省成本，以及降低業務風險（如壞賬、客戶洗黑錢及逃稅違規被政府罰款等），故此金融企業十分願意投放資金去研發金融科技。

與此同時，與資金往來有關的跨境電子支付，以及加密貨幣相關的區塊鏈科技，也是與金融科技相關的行業，發展同是非常迅速。金融科

技及流動支付ETF則正是這類型，我們可以先比較兩隻主流金融科技ETF，Global X FinTech ETF——FINX以及ETF MG Prime Mobile Payments Fund——IPAY的近年表現：

圖表 4.4　比較SPY、VGT、FINX、IPAY五年表現

	2018	2019	2020	2021	2022
SPY	（-4.38%）	31.49%	18.40%	28.71%	（-18.11%）
VGT	2.45%	48.61%	46%	30.45%	（-29.70%）
FINX	0.83%	37.52%	53.76%	（-9.72%）	（-51.79%）
IPAY	0.88%	41.85%	34.22%	（-12.72%）	（-32.38%）

資料來源：Ycharts

圖表4.5　FINX、IPAY持大中小企之比例

FINX Market Cap Breakdown

Large	49.64%
Mid	39.82%
Small	9.75%
Micro	0.7%

IPAY Market Cap Breakdown

Large	50.11%
Mid	27.06%
Small	19.12%
Micro	1.22%

來源：ETFDB.com

金融科技板塊波幅沒有剛才雲計算行業的瘋狂波幅，主因是大型企業佔金融科技板塊一半以上。IPAY主要針對電子支付的科技，持有知名大型企業如VISA（V）、萬事達（MA）、Paypal（PYPL）及美國運通（AXP）等，而FINX持股則較進取，如重倉股加密貨幣交易商Coinbase（COIN），而因為其他加密貨幣交易商倒閉，Coinbase股價從高位跌幅超過九成，之後從低位反彈也超過一倍，而FINX、IPAY就可分散此等個股風險，波幅不至如此大上大落。故此，看好金融科技板塊未來發展，又較能承擔風險的投資者可考慮FINX，喜歡較多大型企業的，則IPAY會較合口味。

人工智能ETF 持股國家平均

現在大部分中小學課程都要加入STEAM因素，即「Science, Technology, Engineering, Arts and Mathematics」（科學、科技、工程、美術及數學），其中如果沒有人工智能或機械人的學習環節，都算不上稱為STEAM。那些大學青年初創比賽，人工智能更是評審必備評核標準，否則難以拿到資助及融資。

2023年初，ChatGPT人工智能聊天程序在全球大熱，不少人驚嘆人工智能的確可以協助人類完成很多工作，又再次令人工智能這板塊熱炒。

這兩隻人工智能機械人ETF——Global X Robotics & Artificial Intelligence ETF（BOTZ）及ROBO Global Robotics & Automation Index ETF（ROBO），都是中小型股佔主流，而且特別之處是這行業的持股分佈全球，美國企業只佔不足一半，反而日本企業在這行業的份額不少，日本亦為BOTZ及ROBO都是第二大持股之國家。

圖表4.6 BOTZ、ROBO持大中小企之比例

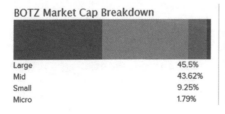

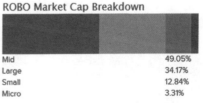

來源：ETFDB.com

圖表4.7　BOTZ、ROBO主要持股國家比例

BOTZ Country Breakdown

United States	44.3%
Japan	33.58%
Switzerland	10.42%
Norway	3.44%
Canada	1.84%
United Kingdom	1.75%
China	1.74%
Finland	1.3%
South Korea	1.1%
Israel	0.63%
Other	-0.11%

ROBO Country Breakdown

United States	44.7%
Japan	21.06%
Germany	7.3%
Taiwan	6.45%
Switzerland	4.47%
Sweden	2.65%
United Kingdom	2.39%
France	2.3%
Canada	1.5%
Norway	1.37%
Netherlands	1.29%

來源：ETFDB.com

論及回報，由於ROBO持股國家分佈更較平均，表現相對穩定，如果大家長線看好人工智能及機械人行業前景，我相信ROBO長遠表現看高一線。

圖表4.8　比較SPY、VGT、BOTZ、ROBO五年表現

	2018	2019	2020	2021	2022
SPY	（-4.38%）	31.49%	18.40%	28.71%	（-18.11%）
VGT	2.45%	48.61%	46%	30.45%	（-29.70%）
ROBO	18.74%	27.85%	40.26%	5.97%	（-32.44%）
BOTZ	（-28.35%）	31.79%	51.91%	8.65%	（-42.69%）

資料來源：Ycharts

4.2 朝陽行業：生物科技 ETF 值博率高

大家還記得我在上一章談及健康護理時，已略提生物科技這板塊高風險高回報特性，故我特將其抽起放在本章節詳述。

什麼是生物科技？

根據港交所上市規則第十八A章的定義，生物科技（Biotech）為「運用科學及技術製造用於醫療或其他生物領域的商業產品」。而維基百科的解釋，生物科技就是「利用生物體（含動物、植物及微生物的細胞）來生產有用的物質或改進製程，改良生物的特性，以降低成本及創新物種的科學技術」。

簡單一點説，生物科技並非單純合成化學藥品，而是要通過生物細胞製藥，這對不懂生物或化學的小投資者來講已夠複雜，何況投資選股更要懂財務分析。有些基金經理或財經網紅自詡擅長價值投資，連生物科技股都能分析得頭頭是道，可惜他們並非科學家而且欠缺相關知識，結果就是自己及其信眾慘被市場「割韭菜」後，也不知自己的死因為何。

投資生科個股　十級難度

研究一隻生物科技股份所研發的產品能否最終跑出，首先你要知道疾病
形成的原理，又要懂得研究學術論文，衡量實驗結果，研究市場對手的
產品，估計臨床能否成功，以及最終獲多少醫生採用。很多專家將研發
成果能否通過臨床三期研究，以及可否商業化生產當成最後階段，但此
階段成功率只是一半一半，還未計算藥品定價及需要多少時間普及，以
及如何回本。

我就舉新冠特效藥及疫苗為例，新冠疫情影響全球，染病人數眾多，所以全球生物科技公司一窩蜂日以繼夜研發有關藥品，但疫情三年，病毒經過不斷變種，殺傷力已大大降低，加上有大量藥物及疫苗研發成功，染病後重症及死亡風險進一步降低，這對全球民眾是好事，但對於生物科技公司來說是憾事，因為藥物普及，獲利空間就大幅降低。

研發新藥及疫苗，需要很多專業科研人員，得花很長時間、大量資金，以及承擔很大風險，如果研發最終失敗的話，損失的人才、時間、金錢實在不計其數，所以這風險過往都是發達國家的政府承擔，當然政府主導的事情往往數量不多而且欠缺效率。及至近十多年，多國量化寬鬆，市場資金氾濫，開始有資金通過仙女散花方式大量投資這些高風險企業，期望只要有其中一兩隻成功跑出便能賺大錢。

至在香港，自2018年開始容許尚未盈利甚至未有收入的生物科技公司來港上市，以免新股上市（IPO）生意溜走。我們良好願望當然希望這些生物科技公司攻克更多治療嚴重疾病的關卡，改善人類健康及延長壽命，但對於投資者來說，投資這些企業一來風險太高，二來沒有有關知識及時間，所以通過ETF分散投資此行業一定是較佳選擇。

香港藍籌生科股　波幅驚人

大型生科股通常已有穩定盈利模式及盈利基礎，例如已晉身香港恆指成份股的生物科技龍頭股藥明生物（2269），過去五年盈利每年增長都有雙位數百分比，五年總計盈利增長接近7倍，績效無疑非常優秀。

圖表4.9　藥明生物五年盈利增長

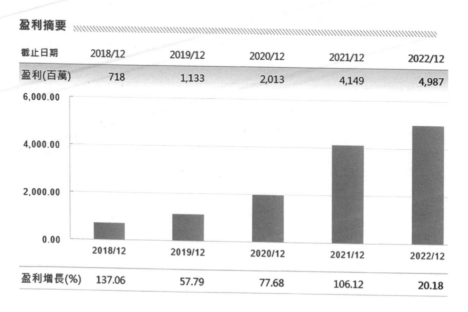

盈利摘要

截止日期	2018/12	2019/12	2020/12	2021/12	2022/12
盈利(百萬)	718	1,133	2,013	4,149	4,987

	2018/12	2019/12	2020/12	2021/12	2022/12
盈利增長(%)	137.06	57.79	77.68	106.12	20.18

資料來源：aastocks

如果你在2018年3月投資藥明此股，至2021年中，三年多股價升幅超過4倍，不過，其後繼續持有的話，其回報已大幅回落至2023年3月的94%。如果你不幸在2021年中高位購入，一年多下跌幅度近70%，可見股價遠較其他板塊波動。藥明為香港市值最大的生物科技藍籌，尚且如此，其他生物科技股的波幅更為可怕，一般人心臟恐怕承受不住。

圖表4.10 藥明生物五年股價走勢

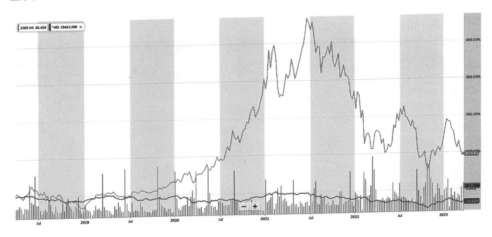

資料來源：aastocks

美股ETF 投資生物科技的最佳方式

美國是世界第一強國，其生物科技領域領先全球，行業起步早，研發氣氛積極，而且資金匯聚，也對這些高風險行業持開放態度，故此研發成功之藥物的臨床及商業化應用，也是全球最多，所以投資生物科技行業，也應以美股ETF馬首是瞻。

不過投資者要留意的是，當中大型與小型生科ETF的大不同，如iShares Biotechnology ETF（IBB）及SPDR S&P Biotech ETF（XBI），都是投資生物科技行業的ETF，同在美股上市，投資的絕大部分是美國上市的生物科技股份，但事實上兩隻ETF投資的股份類型南轅北轍。

圖表 4.11 IBB及XBI持股類型比較

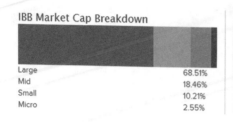

IBB Market Cap Breakdown

Large	68.51%
Mid	18.46%
Small	10.21%
Micro	2.55%

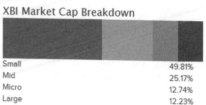

XBI Market Cap Breakdown

Small	49.81%
Mid	25.17%
Micro	12.74%
Large	12.23%

資料來源：ETFDB.com

從圖表4.11可見，IBB接近70%投資在大型生物科技股份，而XBI卻只有不足15%的持股是大型股份。而IBB持有的生物科技股份有269隻，相反主力持中小微企的XBI持股只有148隻。生物科技本身已是高風險高回報的行業，單看兩者的持股比較，已可見XBI明顯是此行業中風險更高回報更高的ETF。

圖表 4.12 生科板塊、健康護理板塊（VHT）及大市（SPY）五年回報比較

	2018	2019	2020	2021	2022
SPY	（-4.38%）	31.49%	18.40%	28.71%	（-18.11%）
VHT	5.58%	21.86%	18.27%	20.56%	（-5.62%）
IBB	（-9.53%）	25.21%	26.01%	0.95%	（-13.69%）
XBI	（-15.27%）	32.56%	48.33%	（-20.45%）	（-25.87%）

資料來源：ycharts

雖然我不斷提及生物科技板塊高風險，但以近五年數據來看，其升跌率卻比我上一節介紹的小型科技股波幅來得溫柔，不過我再將回報比較拉長至10年，大家看看有無什麼發現：

圖表4.13　生科板塊、健康護理板塊（VHT）及大市（SPY）十年回報比較

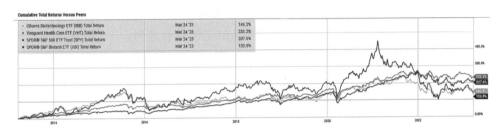

資料來源：ycharts

截至2023年3月底，兩隻生物科技ETF -IBB及XBI的十年回報，均跑輸標普500指數（SPY）及健康護理ETF（VHT）。不過投資XBI的投資者，如能把握2021年回報突破400%高潮之時減持，可保住近300%的利潤，可謂非常誇張。兩隻生科ETF的回報相異，主因是IBB所持大型生科股製成品較多，較少有「中頭獎」般令股價爆升的刺激，相反投資中小微企的XBI有較多機會「派彩」，但回落時也較慘烈。

IBB的回報任何時候看都不及健康護理及大市，如果希望提高回報，我建議投資在中小微企為主的XBI，最好趁近年連跌之低位買入，如遇有龐大升幅則緊記分段減持獲利。

香港及內地生科ETF　持股數目少

生物科技股份在大陸A股及港股均非主流板塊，故此其ETF起步遠較美國遲，剛才介紹的IBB及XBI在2001年及2006年成立，而香港及內地追蹤生物科技板塊的ETF，分別是2019年才成立的Global X中國生物科技ETF（港股2820），以及2020年成立的 中新 ETF（A股159992），2022年再出現多兩隻ETF——華夏恒生香港生物科技指數ETF（港股3069），以及易方中生物科技主ETF（A股159837），算是有所選擇。不過，這些生物科技ETF持股數目遠較美國的少，主因是中港市場根本沒有足夠多的股份可供ETF追蹤。

圖表4.14　香港及內地生科板塊ETF三年回報比較

編號	名稱	2020	2021	2022	持股數目
2820	Global X中國生物科技ETF	69.70%	（-19.65%）	（-26.09%）	30
3069	華夏恒生香港生物科技指數ETF	-	-	（-18.31%）	73
159837	易方達中証生物科技主題ETF	-	-	（-26.49%）	91
159992	銀華中証創新藥產業ETF	-	（-9.90%）	（-25.26%）	56

以歷史最「悠久」的 Global X 中國生物科技 ETF（港股 2820）與美股 XBI 的三年回報數據比較，可發現升跌回報十分接近，如果未來生物科技板塊重現榮景，相信我們中港的四隻生物科技ETF會有相當好的表現。惟當此板塊熱炒時，投資者緊記要分段獲利離場，以免市況逆轉時，要捱超過大市的跌幅。

4.3 朝陽行業：環保 ETF 需與時並進

碳中和是未來幾十年世界各國大力推動的目標，所以全球大中小企業都力爭在這個朝陽行業分一杯羹，可想而知競爭十分激烈。投資者更要留意，由於科技的推陳出新，現在是新能源，將來可能被更新更環保更高效的新能源所取代，故此投資在環保行業既需與時並進，也必須分散投資以管理風險，才能安心渡過其巨大波幅起落，獲取長線回報。

碳達峰及碳中和的時間表

聯合國每年都會舉行一次氣候變化峰會，通常涵蓋三個國際公約締約國會議：《聯合國氣候變化框架公約》締約國會議、《京都議定書》締約國會議，以及《巴黎協定》締約國會議。每年討論議題非常多，例如加速電動車發展、淘汰化石燃料如燃煤電廠、結束砍伐樹林以及減少排放溫室氣體等。

由於各國都加大財政力度支持圍繞峰會議題的企業，未來幾十年大環保必定是朝陽行業，業績應有高增長。投資這些企業，既可為幫助碳中和出一份力（錢），也可令自己財富長遠增長，可謂一石二鳥。

中國亦積極推展碳中和進程,在2020年第七十五屆聯合國大會,中國國家主席習近平提出中國會致力實現「2030年前碳達峰、2060年前碳中和」,2030年碳達峰即是預計2030年中國二氧化碳排放量將達致最高峰,其後的二氧化碳排放量只會下降,到了2060年,透過種樹植林,轉用再生能源,累計的減碳量將抵消碳排量,這就是碳中和的狀態了。

中國提出的碳達峰及碳中和時間表,其實已屬緩慢及保守,西方國家早已超越碳達峰,而預計完成碳中和的目標時間均比中國早,可參看圖表4.15。其實,無論在2050年或2060年碳中和,現時距完成時間已不多,而且全球氣候暖化及極端氣候越來越嚴重,各國必須努力追趕進度,出錢出力遵守承諾去達成目標,以保護地球。

圖表4.15 不同國家和地區碳達峰及碳中和時間

國家和地區	碳達峰時間	碳中和時間
美國	2007	2050
歐盟	1990	2050
加拿大	2007	2050
韓國	2013	2050
日本	2013	2050
澳洲	2006	2040

資料來源:綜合網上資料

投資環保業 即是ESG投資？

在此我要先釐清一些謬誤。坊間不只一位自稱ESG專家，指投資環保或新能源行業就是ESG投資，我認為此說法可謂一派胡言，投資者千萬不要被誤導。

ESG只是對各行各業一個既無統一標準、又無需第三方審批的道德規範。而環保及新能源行業，也不是必然能通過ESG規範，舉例說，一家太陽能企業投產時沒有依法處理廢料做成污染、甚或涉及非法僱用童工及強迫勞動，又或是投標政府環保工程時貪污行賄官員以獲取訂單。雖然企業是環保及碳中和相關行業，但ESG相信會是零分，故此，ESG此道德規範框架，與投資環保行業是兩種完全不同的概念，所以絕不能相提並論，我會在下一節詳論此觀點。

大環保業ETF 美國ETF選擇多

說回聯合國峰會的主題，因為只是朝向目標的籠統概括，如果以上市公司行業細分，大致可以分為以下幾類：

1. 環保處理商

顧名思義即是承包政府環保項目如處理焚燒垃圾，垃圾回收處理重用的承包商。

2. 水務

提供清潔食水，中水回收，污水處理等承包商。

3. 新能源電廠

使用可再生能源如水力、風力、太陽能發電的發電廠。

4. 新能源裝備

生產供新能源發電廠所需設備的企業。

5. 太陽能

生產與太陽能相關設備的企業。

6. 鋰電池及電動車

生產銷售鋰電池及電動車的企業。

7. 氫能源

氫能源是近年炙手可熱的新能源,前途無限。

8. 碳排放交易期貨

企業要排放溫室氣體並非免費,排放額度會越來越少,費用也會越來越
高昂。

節能減排是各國政府大力支持的行業,故此全世界大環保行業的發展都
如火如荼,相關企業數量眾多,絕不是像科技行業般讓美國專美。但在
環保業ETF的選擇方面,如終美國相關ETF的發展時間較早、規模較大,
行業選擇也最多。

潔淨能源ETF 波幅巨大

追蹤美國上市的潔淨能源相關股份的ETF，有Invesco WilderHill Clean Energy ETF（PBW）及First Trust NASDAQ Clean Edge Green Energy Index Fund（QCLN），主要持股有大家熟悉的電動車龍頭Tesla（TSLA），其餘都是太陽能、新能源等企業，而比起上文章節介紹的小型科技及生物科技板塊，其回報波幅更加瘋狂。

QCLN超過一半追蹤新能源板塊的大型股份，其升跌幅度已遠較標普500指數為高；而追蹤中小型新能源股的PBW則更瘋，在2018年及2022年的下跌年度，跌幅均是大市的倍數，而上升的2020年，升幅回報則是大市的十倍。可見美股的新能源板塊除了可長線持有外，更是短炒朋友的天堂，如果能準確把握高低位來回炒作，相信會獲得豐厚利潤。

圖表4.16　比較 QCLN 、PBW及SPY的五年回報

	2018	2019	2020	2021	2022
SPY	（-4.38%）	31.49%	18.40%	28.71%	（-18.11%）
QCLN	（-12.37%）	42.65%	184.00%	（-3.21%）	（-30.37%）
PBW	（-14.10%）	62.57%	204.80%	（-29.82%）	（-44.52%）

資料來源：ycharts

如果希望長線持有相關ETF，又不想承受如此劇烈之波幅，投資者可考慮追蹤全球潔淨能源股份的iShares Global Clean Energy ETF（ICLN），因為其美國持股比例只約53%，其餘持股分散在歐洲及亞洲，而且大型企業的比例也較只追蹤美國相關指數的QCLN為高。

而參考ICLN過去五年的年度回報，雖然波幅較標普500為多，但比較兩隻單純追蹤美國潔淨能源股的ETF，其波幅仍算溫和，也可作為環球投資，是相對穩健的選擇。

圖表4.17　比較 ICLN及SPY的五年回報

	2018	2019	2020	2021	2022
SPY	（-4.38%）	31.49%	18.40%	28.71%	（-18.11%）
ICLN	（-9.02%）	44.35%	141.80%	（-24.18%）	（-5.41%）

資料來源：ycharts

鋰電池與電動車ETF

鋰電池除了在手機及穿戴裝置中大派用場，在新能源汽車更是主流電源，而相關行業在美國上市的 Global X Lithium & Battery Tech ETF（LIT），更早在2010年已發行。不過有趣的是，LIT持倉的美股不多，只佔不足四分之一，反而持股企業地區的最高比例是在中國A股及港股市場，合共超過35%，另外，韓國，日本及澳洲企業都有百分之十以上的持倉，分佈十分平均，真正是環球配置。

相比之下，港股及A股近年上市的電池及電動車ETF，均只追蹤中港股份，範圍較為狹窄。如果投資者看好鋰電池及電動車行業，我認為持股平均的LIT是首選。

圖表4.18　LIT持股國家分佈

United States	24.20%	Republic of K...	10.77%
Mainland Chi...	22.75%	Chile	4.47%
Hong Kong, C...	13.12%	Canada	1.51%
Japan	11.39%	Taiwan, China	0.56%
Australia	11.24%		

資料來源：Etf.com

圖表4.19　比較4隻 鋰電池與電動車ETF回報

	2018	2019	2020	2021	2022
LIT	(-28.64%)	3.27%	127.80%	36.74%	(-29.92%)
Global X中國電動車及電池ETF 2845	-	-	-	35.51%	(-32.53%)
平安中証新能源汽車產業ETF 515700	-	-	108.16%	46.45%	(-28.43%)
廣發國際新能源車電池池ETF 159755	-	-	-	-	(-29.81%)

資料來源：ycharts、GlobalX、天天基金網

太陽能發電 ETF

早在2008年，美國已推出追蹤太陽能企業的Invesco Solar ETF（TAN），
但推出以來的長線回報與上述電池及電動汽車ETF比較，可謂有天堂與
地獄的分別。從圖表4.20可見，直至近五年，因為全世界推動碳中和，
TAN回報才算比較正常。

圖表4.20　比較TAN及LIT的五年回報

	2018	2019	2020	2021	2022
TAN	(-25.66%)	66.53%	233.90%	(-25.10%)	(-5.24%)
LIT	(-28.64%)	3.27%	127.80%	36.74%	(-29.92%)

資料來源：ycharts

圖表4.21　TAN長線大幅跑輸LIT以及主要指數

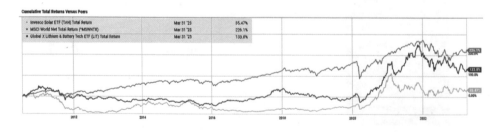

資料來源：ycharts

圖表 4.22　TAN 持股國家分佈

▌United States	54.33%	▌Taiwan, China	3.44%
▌Hong Kong, C...	14.86%	▌Israel	3.12%
▌Mainland Chi...	5.78%	▌Republic of K...	3.09%
▌Germany	4.89%	Switzerland	2.95%
▌Spain	3.61%	▌Japan	1.65%

資料來源：Etf.com

氫能源 未來增長最快的新能源

2018年，中國時任國務院總理李克強訪問日本，當他參觀北海道的豐田車廠，聽豐田專家介紹最新氫能源車Mirai時神色凝重（Mirai日文解作「未來」之意），皆因這車無需加油、無需充電，行駛時不會排放溫室氣體，注滿燃料過程只需約15分鐘，可行駛500公里。

李克強回國後，即時要求各大車企及能源國企研發與氫能源相關的技術。至目前為止，吉利、東風、慶鈴均研發自家的氫能源貨車及客車；中石化在現有加油站加建氫能源設備；而濰柴動力、中集安瑞科也是氫能源相關的產業。

氫能源ETF 概念越新越考耐性

我相信氫能源是未來增長最快的新能源行業，讓我們看看氫能源有甚麼ETF可以選擇：

兩隻氫能源ETF - Direxion Hydrogen ETF（HJEN）及Global X Hydrogen ETF（HYDR），都是2021年氫能源開始炒作時下推出的產物，在2022年HYDR跌幅為47.24%，而HJEN跌幅為33.26%，跌幅比上文介紹的中小型潔淨能源ETF - PBW更厲害，可見概念越新的能源板塊，其波動就越厲害。如果大家長線看好氫能源的發展，又能接受如此高波幅上落，絕對可以把握其價格低殘之時收集，作長線投資以待收成。

雖然兩隻標榜投資氫能源產業ETF都在近期成立，但如大家仔細看看其主要持股，股份的上市國家以及公司類型，大家會發現兩隻ETF有顯著不同：

圖表4.23　HJEN及HYDR持股顯著不同

HJEN 31 Holdings		HYDR 26 Holdings	
Holding	**Weighting ▼**	**Holding**	**Weighting ▼**
Air Liquide SA (AI:PAR)	9.34%	NEL ASA (NEL:OSL)	13.50%
NEL ASA (NEL:OSL)	7.57%	Bloom Energy Corporation Class A (BE)	11.51%
Shell Plc Sponsored ADR (SHEL)	7.38%	Plug Power Inc. (PLUG)	9.20%
Bloom Energy Corporation Class A (BE)	6.38%	Ballard Power Systems Inc. (BLDP:TSE)	8.60%
Plug Power Inc. (PLUG)	5.82%	AFC Energy plc (AFC:LON)	6.04%
Linde plc (LIN)	5.20%	McPhy Energy SA (MCPHY:PAR)	5.71%
BP p.l.c. Sponsored ADR (BP)	5.10%	SFC Energy AG (F3C:ETR)	5.14%
Doosan Fuel Cell Co., Ltd. (336260:KRX)	4.90%	PowerCell Sweden AB (PCELL:OME)	5.08%
ENEOS Holdings, Inc. (5020:TKS)	4.88%	Ceres Power Holdings plc (CWR:LON)	5.06%
Idemitsu Kosan Co., Ltd. (5019:TKS)	4.44%	Doosan Fuel Cell Co., Ltd. (336260:KRX)	4.56%
Air Products and Chemicals, Inc. (APD)	4.30%	ITM Power PLC (ITM:LON)	4.50%
Ballard Power Systems Inc. (BLDP:TSE)	4.23%	FuelCell Energy, Inc. (FCEL)	3.95%
PowerCell Sweden AB (PCELL:OME)	3.86%	Linde plc (LIN)	2.28%
FuelCell Energy, Inc. (FCEL)	3.84%	Hyzon Motors Inc. Class A (HYZN)	2.24%
Ceres Power Holdings plc (CWR:LON)	3.54%	Toyota Motor Corp. (7203:TKS)	2.11%

資料來源：ETFDB.com

圖表 4.24　HJEN及HYDR持股類型及國家分佈

HJEN Market Cap Breakdown

Large	31.78%
Small	28.1%
Mid	27.7%
Micro	11.94%

HYDR Market Cap Breakdown

Small	37.02%
Micro	29.07%
Mid	20.72%
Large	8.53%

HJEN Region Breakdown

North, Central and South America	43.07%
Europe	31.86%
Asia Pacific	24.58%
Other	0.48%

HYDR Region Breakdown

Europe	47.58%
North, Central and South America	44%
Asia Pacific	8.32%
Other	0.12%

資料來源：ETFDB.com

HJEN的大型股佔近持股三分之一，比例已不算高，而HYDR明顯更進取，持股主要為小型及微型企業，歐洲上市的氫能源企業佔比接近一半，難怪HYDR在2022年下跌時跌了接近一半，絕對是全球最高風險ETF之一。

圖表4.25　HJEN & HYDR的2021至2023年第一季回報

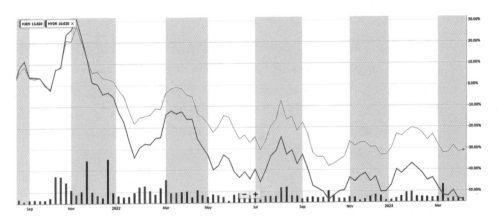

資料來源：雅虎財經

碳排放交易ETF　對沖「碳中和失敗」風險

上文談及新能源的巨大波幅，相信讀者已感到相當刺激，畢竟都是高風險高回報的投資。但不同行業的股票ETF，就算持股的市值再少都好，都算持有一籃子股票，一塊兒坐過山車吧。但下文要介紹的可不是正股，而是無形的期貨投資──「碳排放交易」。

根據《京都議定書》，為了促進全球減少溫室氣體排放，故此建立以《聯合國氣候變化框架公約》的溫室氣體排放權的「碳交易市場」。這個市場交易的包括：二氧化碳（CO）、甲烷（CH4）、氧化亞氮（NO）、氫氟碳化物（HFCs）、全氟碳化物（PFCs）及六氟化硫（SF6），均是公約納入的6種要求減排的溫室氣體，企業要排放這些溫室氣體，便要買額度，這些就是「碳排放權」了。

目前全球碳排放交易最活躍、體制最完善的市場，為歐盟排放權交易制（European Union Greenhouse Gas Emission Trading Scheme，EU ETS），如果大家認為各國將在2050年前逐步收緊碳排放交易的配額，有意投資碳排放交易，可以考慮以ETF形式投資這些期貨。如在美國上市的KraneShares Global Carbon Strategy ETF（KRBN），此基金在2020年7月底成立上市，截至2023年2月底，基金已取得近1.5倍的回報。

圖表4.26　KRBN追蹤的碳排放交易期貨

Holdings and Exposures of the KraneShares Global Carbon Strategy ETF

Carbon Allowance Futures as of 02/28/2023	Identifier	Position	Current Exposure($)	% NAV
European Union Allowance (EUA) 2023 Future	MOZ23 Comdty	3,763	398,268,625	57.73%
California Carbon Allowance (CCA) Vintage 2023 Future	LUDZ23 Comdty	5,440	163,036,800	23.63%
European Union Allowance (EUA) 2024 Future	MOZ24 Comdty	323	35,898,404	5.2%
UK Allowance (UKA) 2023 Future	UKEZ3 Comdty	341	34,954,564	5.07%
California Carbon Allowance (CCA) Vintage 2024 Future	CDBZ24 Comdty	1,017	32,564,340	4.72%
Regional Greenhouse Gas Initiative (RGGI) Vintage 2023 Future	LUIZ23 Comdty	2,223	29,254,680	4.24%
			693,977,413	101%

資料來源：KRBN 投資月報

根據有全年記錄的2021年及2022年數據，KRBN的回報分別為107.7%及-12.39%，均大幅跑贏標普500指數及其他新能源ETF，因為俄烏戰爭導致歐洲天然氣供應短缺，需要增加燃煤發電，而各國碳排放的上限也因2050年碳中和死線迫近，只可減少不會增加，故此短線而言，碳排放需求增加而碳排放配額減少，故KRBN可跑贏大市。

但我相信此形勢很快應會逆轉，首先碳排放類ETF全是期貨合約，有到期轉倉及流動性的風險；其次，既然各國已立下軍令狀，在2050年前要達致碳中和這偉大目標，當然要大力催谷開發新能源，減少依賴化石燃料。如果目標成功，減碳按原定步伐穩步推進，未來幾十年還有沒有現今數量的溫室氣體需要排放？

所以，我認為投資這類型碳排放交易的ETF，必須抱著為「碳中和目標失敗」買保險的心態，加上碳排放交易的確有機會受不同國家的政策干擾，故此風險不得不防，但此應為策略性對沖部署。而坊間居然有自稱ESG專家認為，溫室氣體排放權的價格會只升不跌，暗示投資者可以買入長線持有，那我就絕對不認同了。

4.4 提防 ESG 概念股 的「煙幕」

我於上文已提及，對近年興起的ESG（環境，社會責任及企業管治）的投資概念有所保留，以及提醒投資者不要將ESG概念與環保行業混淆，此論點我會在本章節詳述。

ESG（Environmental, social and governance，環境、社會責任及企業管治）的投資概念，即是要選擇投資一些符合ESG標準的企業，才算是好的投資。任何類型的公司標籤自己符合ESG標準，而當中又加上「碳中和」、「碳達峰」、「綠色金融」等與環境保護有關的用詞，更令不少人誤以為ESG就是投資環保，這當然是大錯特錯。

我們先再這裡搞清楚，ESG到底是一件怎樣的事情？

ESG：沒有世界公認的標準

在香港，一家上市公司最少每半年須公佈業績，而中國大陸及美國更要求企業每季公佈業績，而公司的營業額、盈利、資產負債怎樣公佈，都要按照當地交易所定下來的標準計算及呈現。世界普遍採用的標準是美加的 GAAP（通用會計準則），以及香港和中國大陸的 IFRS（國際財務報告準則）作為準備財務報表的依據。換言之，大家使用同一把尺去比較財務業績，才能作出有意義的分析。而且，財務業績必須交由獨立外聘核數師審核（external audit）後，認定為 "true and fair"（真實及公允），才能向外發布。

相對之下，ESG 至今仍沒有世界公認的標準可言，在谷歌搜尋 ESG，每個解釋都十分籠統，根本無從比較。從源起來說，ESG 這概念是於 2004 年在聯合國全球契約中首次提出，不要以為有「聯合國」這三個字，就代表全世界的監管機構及交易所都要賣賬，因為到目前為止 ESG 此概念只是以「良好」意願形式向各大基金推廣，期望掌握大量資金的基金或機構投資者，不論投資在股票或債券，都會自我要求投資在 ESG 各方面條件都優秀的公司，從而向上市企業施壓；而為求得到資金市場的歡心，上市企業就會千方百計營造滿足 ESG 各種要求的印象，例如：

軍火商 Lockheed Martin

不少人以為軍火商鼓勵戰爭，做成生靈塗炭，一定不符合 ESG 的全部規定，且看軍火商 Lockheed Martin（LMT）的可持續發展報告，如何包裝自己每方面都滿足要求：

圖表4.27　Lockheed Martin可持續發展報告的「承諾」

資料來源：Lockheed Martin 2021年度可持續發展報告

LMT的報告表明，在環保方面有清晰計劃減少碳排放，減少使用有毒化學物；社會責任方面，公司對性騷擾零容忍，定期要員工接受相關培訓，也會提倡平等機會，積極僱用傷殘人士，加強工作場所安全等；公司治理方面強調商業道德，以及反貪污賄賂等。

煙草商British American Tobacco

吸煙導致的疾病及死亡多不勝數，煙草商British American Tobacco p.l.c.（BTI）的口號竟然宣稱"A Better Tomorrow"，公司「承諾」會致力降低吸煙做成的傷害，確保成年人才可以接觸煙草；亦會在種植煙草過程中

減少碳排放，減少種植用水；亦在2025年前將童工及強迫勞動降至零；
用公平貿易買賣煙草，以保證種植煙草的農民利益。

圖表4.28　British American Tobacco的ESG承諾

來源：British American Tobacco 網站

我舉上述兩家業務比較特殊的上市企業做例子，既然賣軍火及煙草被視
為邪惡的大企業，都可以光明正大告訴投資者已做到ESG可持續發展的
要求，可見只要有心有錢，任何企業都可以符合ESG要求。正因ESG無
一套國際通用標準，可謂人言人殊，加上ESG根本不需外聘核數師每年
審核完成進度及目標有無達成，所以很容易出現企業胡亂開空頭支票的
「假大空」情況。

投資ESG股份 是否能獲較佳回報？

投資股票或債券，投資者最終目標是賺取回報，如果一家公司ESG做滿分，但盈利不給力，利息或股息不按期支付，不論股債，必然會遭到投資者狠狠拋售。不過話說回頭，投資者因為有ESG這個「隨時搬龍門」的道德概念所限，絕不能投資一家不理會環境保護、社會責任及公司管治，明顯唯利是圖的企業。所以企業不論業績，要成為機構投資者考慮的對象，必須花成本及時間去盡量滿足ESG這件事。

多數上市企業管理層的花紅，都與公司股價掛鈎，若然公司不滿足ESG的要求，導致機構投資者不能買入公司股份，會令管理層花紅大幅減少。所以，反正搞ESG花的錢都是股東的錢，加上ESG投資概念被社會普遍推崇，站在道德高地，根本沒有人會提半句反對聲音。

那投資ESG 股份ETF，是否能獲得較佳回報？我們不妨看看以下數據，iShares在2016年推出一隻叫iShares ESG Aware MSCI USA ETF（ESGU），就是追蹤在ESG方面有正面表現的美股，我們不妨比較一下，相比沒作ESG篩選的大市成分股SPY，ESGU可會有較優秀表現？

圖表 4.29 比較SPY、ESGU的五年回報

	2018	2019	2020	2021	2022
SPY	（-4.38%）	31.49%	18.40%	28.71%	（-18.11%）
ESGU	（-4.22%）	31.71%	22.54%	26.89%	（-20.26%）

資料來源：ycharts

比較之下，大家會發現ESG概念投資與投資標普500ETF（SPY）近五年回報分別不大，每年均在百分之二以內，再看看兩者持股的分別：

圖表4.30 ESGU、SPY的15大持股比較

| ESGU | | SPY | |
| 320 Holdings | | 505 Holdings | |
Holding	Weighting ▼	Holding	Weighting ▼
Apple Inc. (AAPL)	7.03%	Apple Inc. (AAPL)	7.14%
Microsoft Corporation (MSFT)	5.99%	Microsoft Corporation (MSFT)	6.24%
Amazon.com, Inc. (AMZN)	2.53%	Amazon.com, Inc. (AMZN)	2.66%
NVIDIA Corporation (NVDA)	1.98%	NVIDIA Corporation (NVDA)	2.02%
Alphabet Inc. Class C (GOOG)	1.64%	Alphabet Inc. Class A (GOOGL)	1.90%
Alphabet Inc. Class A (GOOGL)	1.63%	Alphabet Inc. Class C (GOOG)	1.67%
Tesla, Inc. (TSLA)	1.45%	Berkshire Hathaway Inc. Class B (BRK.B)	1.62%
UnitedHealth Group Incorporated (UNH)	1.39%	Tesla, Inc. (TSLA)	1.56%
Coca-Cola Company (KO)	1.17%	Meta Platforms Inc. Class A (META)	1.37%
Meta Platforms Inc. Class A (META)	1.09%	UnitedHealth Group Incorporated (UNH)	1.33%
JPMorgan Chase & Co. (JPM)	1.05%	Exxon Mobil Corporation (XOM)	1.29%
Exxon Mobil Corporation (XOM)	1.05%	Johnson & Johnson (JNJ)	1.19%
Visa Inc. Class A (V)	1.04%	JPMorgan Chase & Co. (JPM)	1.12%
Johnson & Johnson (JNJ)	0.97%	Visa Inc. Class A (V)	1.09%
Home Depot, Inc. (HD)	0.96%		

資料來源：ETFDB.com

大家看看兩隻ETF的十大持股，頭五隻股份都是一樣，而ESGU持股數量，更比SPY少百多隻股份。由於兩者大部份持股都相似，難怪回報相距如此的少。

回看香港 ESG ETF 的情況,由於眾多財經媒體及網紅推介之下,基金公司都在 2022 年爭先恐後推出以 ESG 選股的 ETF 供投資者選購,但香港情況遠比美國混亂,執筆之時,這三隻 ETF 推出時間尚短,比較其短期回報意義不大,我在這裡比較一下其持股情況:

圖表 4.31　易方達(香港)恒指 ESG 增強指數 ETF(3039.hk)十大持股

	百分比
■ 騰訊控股	8.54%
■ 香港交易所	8.03%
■ 友邦保險	7.73%
■ 匯豐控股	7.32%
■ 中國平安	5.68%
■ 領展房產基金	4.52%
■ 藥明生物	4.33%
■ 新鴻基地產	3.4%
■ 阿里巴巴集團控股有限公司	3.25%
■ 安踏體育	3.03%
■ 其他	44.17%
總計	100%

資料來源:易方達(香港)恒指 ESG 增強指數 ETF 官方網頁

圖表4.32 Global X恒生ESG ETF（3029）十大持股

每日持股 截至2023年03月24日

證券名稱	股份代號	交易所	市場價格(港元)	所持股份數目	市值(以港元計算)	佔本基金資產淨值百分比
騰訊控股	700 HK	香港	376.80	5,797	2,184,309.60	8.69
HONG KONG EXCHANGES & CLEAR	388 HK	香港	342.00	5,884	2,012,328.00	8.00
AIA GROUP LTD	1299 HK	香港	81.55	23,912	1,950,023.60	7.76
匯豐控股	5 HK	香港	52.15	35,438	1,848,091.70	7.35
中國平安	2318 HK	香港	52.00	27,317	1,420,484.00	5.65
LINK REIT	823 HK	香港	50.10	22,222	1,113,322.20	4.43
藥明生物	2269 HK	香港	48.90	22,605	1,105,384.50	4.40
SUN HUNG KAI PROPERTIES	16 HK	香港	107.20	7,923	849,345.60	3.38
阿里巴巴	9988 HK	香港	85.30	9,337	796,446.10	3.17
安踏體育	2020 HK	香港	113.00	6,660	752,580.00	2.99

資料來源：Global X 恒生 ESG ETF 官方網頁

圖表4.33 恒指ESG增強精選指數ETF（3136）十大持股

股份名稱	股票代號	上市交易所	行業	比重（以基金總資產淨值的百分比率表示）
友邦保險控股	1299 HK	香港	金融	7.80%
阿里巴巴集團	9988 HK	香港	資訊科技	3.88%
阿里健康	241 HK	香港	醫療保健	0.32%
安踏體育用品	2020 HK	香港	非必需性消費	3.44%
中國銀行	3988 HK	香港	金融	0.44%
中銀香港	2388 HK	香港	金融	0.80%
百威亞太	1876 HK	香港	必需性消費	1.00%
比亞迪	1211 HK	香港	非必需性消費	1.23%
中國建設銀行	939 HK	香港	金融	1.52%
中國人壽保險	2828 HK	香港	金融	0.42%

資料來源：恒指 ESG 增強精選指數 ETF 官方網頁

易方達及Global X追蹤的，同樣「恒指ESG增強指數」，所以持股都一樣，至於恆生投資ETF則追蹤「恒指ESG增強精選指數」，持股則有顯著分別。讀者可能問，為何多了「精選」二字的ESG指數，阿里巴巴的持股排名會由第九位上升至第二位，這個問題我不懂回答，可見欠缺標準的ESG，結果多是為道德而做的動作，不能不做，但做得好與不好，最終有沒有實際落實，對於投資回報，其心理作用遠高於實際作用。

所以，我認為，我們不如落地一點，參考上一章節的ETF，直接投資一些環保相關的產業，不要被ESG這煙幕愚弄吧！

Chapter 5

短炒ETF
捕捉週期獲利策略

5.1 短炒 石油及開採業 ETF

前兩個章節提及的ETF，我認為都能夠長遠增值，而第四章的進取ETF除了長期持有外，更可以把握波幅進行短炒。不過，美股ETF種類繁多，部分不值得長期持有，只宜短炒或利用週期操作，否則會浪費人生不少光陰。

我在這章會聚焦這些有波幅而欠長期升幅的ETF，即是只能用來炒作，無論是短炒或週期炒作，總之不能長期持有。

美股上市的ETF幾乎甚麼種類都有，其中能源或貴金屬開採行業、各式商品類亦應有盡有：能源如原油，天然氣；農產品如大豆，小麥；貴金屬如黃金、白銀、銅等，都有相應的ETF。要注意的是，這些商品類的ETF絕大部分以期貨形式投資相關商品，一般都能緊貼相關商品的行情，但在極端時候，其行情追蹤會不甚理想。

商品期貨ETF 損失只限投資金額

如果投資者想投資或投機商品,香港有幾家證券行提供各種農產品及貴金屬的期貨供客戶投資及投機,雖說這些商品都有實物,但金融投資都以期貨為主。期貨一般以高槓桿操作,如看錯方向且按金不足補倉,券商便會果斷為你止蝕斬倉,不少人因投機商品估計錯誤而傾家蕩產。

不過,自從有ETF的出現,想投機商品就變得方便及低風險得多,因為商品的期貨由ETF基金持有,而一般商品ETF的投資目標亦緊貼商品價格;最重要的一點,投資商品ETF,最高損失亦只限於你的投資金額,不用擔心商品大跌被斬倉,令自己欠下一屁股債。

圖表5.1 美股商品ETF 種類全球最多最齊

Symbol	ETF Name	Asset Class	Total Assets ($MM)	YTD Price Change	Avg. Daily Share Volume (3mo)	Previous Closing Price	ETF Database Pro
BOIL	ProShares Ultra Bloomberg Natural Gas	Commodity	$1,110	-82.96%	62,034,008	$3.03	🔒
UNG	United States Natural Gas Fund LP	Commodity	$1,150	-54.54%	24,339,814	$6.41	🔒
SLV	iShares Silver Trust	Commodity	$11,254	3.95%	18,292,527	$22.89	🔒
GLD	SPDR Gold Shares	Commodity	$60,125	9.93%	7,564,855	$186.49	🔒
IAU	iShares Gold Trust	Commodity	$28,882	10.00%	5,488,472	$38.05	🔒
PDBC	Invesco Optimum Yield Diversified Commodity Strategy No K-1 ETF	Commodity	$5,555	-2.23%	4,208,145	$14.45	🔒
PSLV	The Sprott Physical Silver Trust	Commodity	N/A	4.00%	3,853,571	$8.57	🔒

Filter options:
- ○ Alternatives
- ○ Bonds
- ◉ Commodity

Select a Commodity Type
- ☐ Agriculture [10]
- ☐ Agriculture-Broad [6]
- ☐ Corn [1]
- ☐ Food [0]
- ☐ Grains [1]
- ☐ Soybeans [1]

Select a Commodity Exposure
- ☐ Futures-Based [88]
- ☐ Physically-Backed [18]

資料來源:ETFDB.com

原油ETF　只宜小注投機

商品期貨風險之高，可看年前原油期貨曾經跌至負數之瘋狂例子。2020年3月，俄羅斯及沙地阿拉伯發生石油價格戰，產油國大幅增加產量，做成油價短時間內斷崖式暴跌，及至2020年年4月20日WTI 5月交割的原油期貨，在每桶負37.63美元結算，破了歷史新低。

由於美股原油ETF都是以期貨追蹤油價變化，故此市值最大的原油期貨ETF United States Oil Fund, LP（USO），當年短時間內股價暴跌80%，雖然USO在往後三年反彈超過1.4倍，如果投資者當年不懂掌握原油週期靈活走位，可能經過幾年仍未能恢復元氣，追回原油價格暴跌的損失。

圖表5.2　USO大幅跑輸SPY

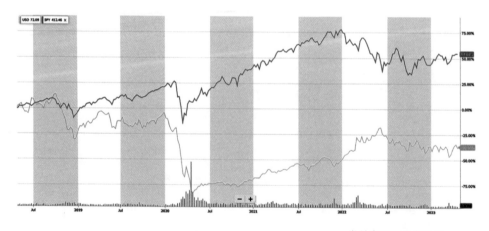

資料來源：雅虎財經

美國大部分商品類的ETF都是以期貨形式追蹤商品價格表現，但有部份ETF仍然持有實物商品，故此不會出現像2020年負油價之類的鬧劇。

由於美股每手等於一股，如果小注怡情，拿小量金額投機在這類有機會「清零」的商品ETF，短線博一博，只要投入金額不超過你的風險承受能力，我認為其風險是可控的。

不過如果未來想炒作這些商品波幅，我會考慮以較令自己安心的投資策略會更理想，例如跟商品價格息息相關的開採行業ETF。

開採行業ETF

如果讀者看過我的前作《有升有息》，可能有印象我提過商品定價權這概念。由於天然資源開採企業，普遍缺乏對相關商品價格的定價權，所以開採企業能否賺錢主要看商品價格，企業的管治能力變得次要。

換言之，無論管理層多麼優秀，只要你開採的天然資源價格下跌，企業盈利很大機會倒退甚至見紅。這些開採企業，除非能通過勘探或收購增加產能從而增加盈利，否則每年業績可說是望天打掛。

投資開採企業還附帶企業本身的風險，例如政府能源政策、管理層犯錯甚至犯法、債務等各項風險，其風險不比單單賭商品上升下跌少。

所以，投資開採行業ETF，最大優點就是可分散投資行業大中小股份，將個別企業的經營及業績風險分散，雖然這些企業長線投資價值欠佳，但拿來短炒或週期炒作，我認為甚為適合。此下是值得留意的開採行業ETF：

道富的SPDR S&P Oil & Gas Exploration & Production ETF（XOP）在2006年6月成立，持有61家北美的石油及天然氣開採企業，其追蹤方法有別於傳統以市值擬定持倉比例，而是採用相同比例（equal weighted）的方法持股，故此其持股不論大中小型企業，持股比例都是百分之二左右，中小型開採商佔基金超過60%，可想而知此ETF波幅一定會較高。

同屬道富旗下的SPDR S&P Metals & Mining ETF（XME），跟XOP一樣都在06年6月誕生。追蹤的是北美開採金屬的礦商企業，此基金亦是採用（equal weighted）的方法持股，持股比例都是百分之四至五，也是中小開採商佔比較高，波幅亦較高。

圖表5.3 XME及XOP的十大持股

XME 35 Holdings		XOP 61 Holdings	
Holding	**Weighting ▾**	**Holding**	**Weighting ▾**
Hecla Mining Company (HL)	5.57%	Hess Corporation (HES)	2.44%
Newmont Corporation (NEM)	5.34%	Occidental Petroleum Corporation (OXY)	2.43%
Royal Gold, Inc. (RGLD)	5.26%	Marathon Oil Corporation (MRO)	2.41%
Freeport-McMoRan, Inc. (FCX)	4.66%	EQT Corporation (EQT)	2.40%
CONSOL Energy Inc (CEIX)	4.51%	Exxon Mobil Corporation (XOM)	2.40%
Peabody Energy Corporation (BTU)	4.38%	EOG Resources, Inc. (EOG)	2.39%
Reliance Steel & Aluminum Co. (RS)	4.33%	APA Corporation (APA)	2.38%
ATI Inc. (ATI)	4.31%	Pioneer Natural Resources Company (PXD)	2.38%
Commercial Metals Company (CMC)	4.22%	Chevron Corporation (CVX)	2.38%
Alpha Metallurgical Resources, Inc. (AMR)	4.17%	CNX Resources Corporation (CNX)	2.37%

資料來源：Ycharts

我認為，長期持有這些開採企業的股票絕對不智，由於這些行業利潤受制於商品價格浮動，長期回報嚴重跑輸標普500大市，故只宜短波幅。

圖表5.4 比較XOP、XME及SPY（標普500 ETF）2006至2023年
總回報

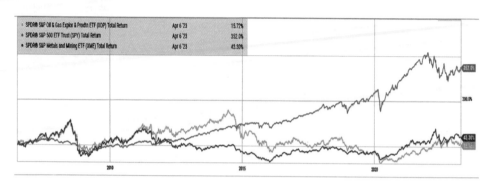

資料來源：Ycharts

長線而言，這兩隻基金表現絕對是乏善足陳，XOP十七年累積回報不足16%，而XME累積回報也只有45%，雖然是XOP的十七年累積回報的三倍，已算是偏低，遠遠跑輸SPY，也遠遠跑輸標普500的表現。不過我們看看XOP及XME的短線表現，又是另一個世界：

圖表5.5 比較XOP、XME及SPY（標普500 ETF）五年表現

	2018	2019	2020	2021	2022
SPY	（4.38%）	31.49%	18.40%	28.71%	（18.11%）
XOP	（-28.09%）	（-9.44%）	（-36.31%）	66.76%	45.33%
XME	（-26.76%）	14.70%	15.97%	34.94%	13.12%

資料來源：Ycharts

在過去五年內，XOP及XME下跌的年份跌幅一定比SPY多很多，但如果大家能把握油價及金屬價格上升週期，短線回報的確可以跑贏大市。不過大家謹記，這些開採業ETF一定只能短炒，絕對不可以高追，切忌長線持有，獲得滿意回報後一定要盡快沽貨鎖定利潤。

5.2 短炒 貴金屬 ETF

踏入2022年,歐美面對超級通脹,黃金價格持續上升,我們認真要細想:黃金真的可以保值抗通脹?

根據某大價值型基金經理建議,黃金是對抗各國政府長期印鈔、保住購買力的必備投資;媒體及財經專家的普遍説法,似乎也認為黃金可以保值而且有效對抗通脹。但事實是否真的如此?就讓我帶大家看看殘酷的真相:

圖表5.6 黃金期貨價格自2008年金融海嘯以來的表現

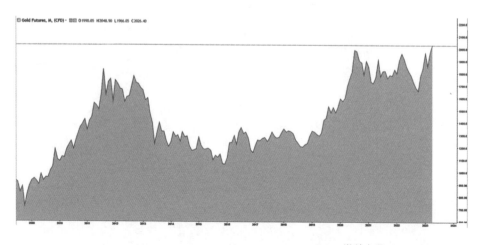

資料來源:investing.com

全球印鈔 金價&虛擬貨幣大幅波動?

2008年出現全球金融海嘯,各國政府都出力挽救經濟,由中國帶頭的四萬億基建,美國的先後三次的量化寬鬆,以及歐洲,英國及日本都以印鈔及超低利率解決債務問題及刺激經濟,在如此強勁的印鈔攻勢下,當年黃金價格以不足1,000美元一盎司,迅速飆升至2011年歐債危機時近1,900美元一盎司的歷史新高。

2011年後,全球印鈔依舊,通脹陰影沒一刻停止,但黃金價格因預期美國加息縮表的心理影響下,價格反復下跌至2015年近1,000美元的低位,從高位跌幅近一半,及後2020年因為應對新冠疫情,時任美國總統特朗普推動「無限QE」挽救經濟,及至2022年在俄烏戰爭的影響帶動下,金價終於在2023年第二季突破2,000美元一盎司的水平。換言之,如投資者在2015年低位買入,在2023年高位沽出,的確可以獲得一倍回報。

黃金兌美元價格大幅上下波動,與過去多年全球貨幣大量增加供應這因素,其實沒有決定性的因果關係,只因影響黃金價格的因素太多,例如地緣政治、區域戰爭、股災避險等,全部都會影響黃金供求,環球印鈔只是影響金價的其中一個因素而已。

而且,黃金並非貨幣,持有黃金並沒有利息收入,反之要付出儲存費用。如果不幸在高位買入黃金,很大機會會被套牢,套牢期間沒任何利息收入,只能靜待黃金價格將來再創新高,才能沽貨獲利。其實,投資黃金也是炒上落波幅,才能為你創造更大回報。坊間部份專家叫你不問價買入黃金,而且買入後藏在家長線等升,我認為並非投資黃金的最佳策略。

至於投資虛擬貨幣如比特幣,與投資黃金的基本邏輯一樣,炒波幅比長線投資回報來的高,只是比特幣炒風及其波幅,相比黃金瘋狂很多,而且投資比特幣還得承受虛幣交易商倒閉風險,我認為,炒虛擬貨幣太高風險,所以我不會推介任何相關的ETF,因為將來可能有這類ETF倒閉的危機。

實物黃金ETF

美國股市中,實物持有的商品ETF包括黃金、銀、鈀金(Palladium)及鉑金(Platinum)。其中以實物黃金ETF數目最多,一共有十一隻,規模最大是SPDR Gold Shares(GLD),而香港也有其姐妹ETF SPDR金ETF(2840. hk)。

由於持有實物黃金涉及自己儲存、運輸、保險，黃金是不記名的，處理不當會直接招致損失，而且市面買賣實體黃金成本太高，買賣差價太多，也會令本身回報已不高的黃金投資回報再打折扣。而黃金ETF本身由基金公司有實體倉庫儲存實物黃金，有效減除了自己處理實體黃金的成本及被盜遺失風險。

投資貴金屬ETF 要識「落車」

黃金在此章節已論述不少，餘下部份會介紹另外三種貴金屬：白銀、鈀金、鉑金的ETF。

白銀 (Silver)

如果大家讀過中國的近代史，滿清政府自1843年《南京條約》簽訂中國第一條不平等條約開始，便不斷因戰爭失敗向列強割地賠償，其中的賠償全以白銀支付，可見白銀在古代已是通用貨幣。

白銀與黃金不同，全球白銀需求有七成以上來自工業，因為白銀有高導電性及防銹性，為製作電子零件、電池、太陽能板、醫療設備等的必備材料。隨著電子工業及新能源科技的迅速發展，而開採白銀供應有限，故此如單看基本面，白銀的投資價值比黃金似乎更勝一籌。

中國作家宋鴻兵在2007年出版了《貨幣戰爭》，因為書中成功預測金融海嘯而引起巨大迴響，作者亦強烈建議讀者投資白銀。不過，白銀後來的回報情況怎樣？讓我們看看白銀過去多年的價格走勢，是否如想像中的美好。

安碩發行持有實物白銀的ETF——iShares Silver Trust（SLV），緊貼白銀價格的起落，投資者如能在2008年低位以不足10美元價格買入，在2011年4月高位46.8美元沽出，回報有超過4倍。不過，如不幸錯過2011年高位沽貨，其後反反覆下跌自2020年3月之11.62美元，較高位下跌超過75%，回報轉眼「清零」。雖然在往後兩年反彈一倍，但仍然較高位下跌超過一半。

圖表5.7 SLV 近十七年波幅大升幅少

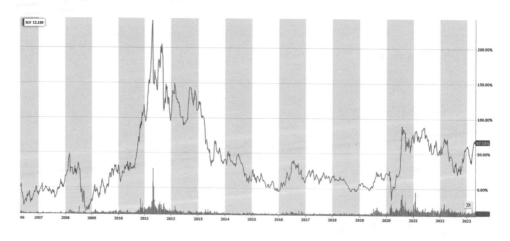

資料來源：雅虎財經

從SLV過去十多年的表現來看白銀價格走勢，其回報與外間宣稱的對抗通脹及龐大工業需求，完全不成比例，而且論波幅及升幅均不如黃金，我認為白銀ETF可以不理。

鈀金（*Palladium*）

鈀是一種亮白色的貴金屬，全球超過80%的鈀用於生產汽車零件，是汽車零件「催化器」（catalytic converters）的關鍵元素。

在2019年底，每盎司的鈀金價格突破2,000美元，超越黃金每盎司價格。到了2022年7月，鈀金價格更創新高價至3,307美元。由於鈀價急升，全球涉及催化器的盜竊案有大幅增加趨勢。

不過，踏入2022年第四季，鈀價大幅下跌，2023年4月更跌至1,469元，不足一年自比高位下跌超過一半，波幅遠高於黃金及白銀。不過，鈀在

汽車工業有實際用途，對喜歡刺激而且能承受風險的朋友，我認為炒鈀比炒加密貨幣更有「錢途」。不過要注意的是，近年新能源汽車開始陸續普及，傳統能源汽車的生產會逐漸減少，催化器的需求也會減少，會否對鈀價有毀滅性的影響，要密切留意。

圖表5.8　PALL十年價格走勢

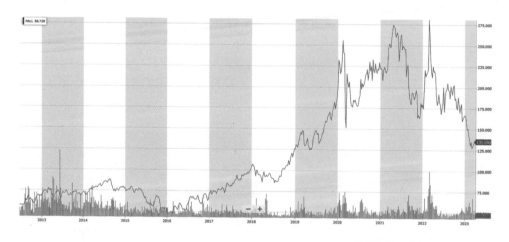

資料來源：雅虎財經

全球的鈀ETF只此一隻——abrdn Physical Palladium Shares ETF（PALL），而且其市值遠比黃金ETF小，大家看看鈀十年的波幅，自2013年至2017年波幅還是很少，在2018年才開展其瘋狂波幅。再次提醒，投資此ETF要適可而止，控制投資額，千萬小心別在高位接火棒。

鉑金（Platinum）

最後要介紹的是鉑金，有些專家看好鉑金的說法是鉑金比黃金稀少，而且它也是汽車催化器及燃料電池關鍵組成部份，應該會推升鉑金的需求。

追蹤鉑金走勢的ETF就只有abrdn Physical Platinum Shares ETF（PPLT）這一隻，但短期及長期表現都欠佳，所以我認為，鉑金ETF跟白銀ETF一樣，可以不理。

圖表5.9　PPLT十年價格走勢

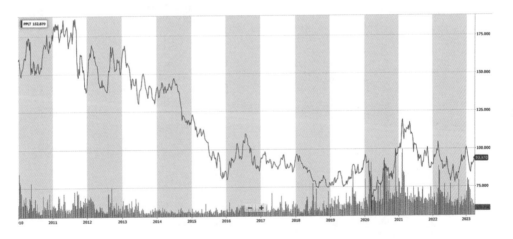

資料來源：雅虎財經

5.3 對沖股災
短炒恐慌指數

我初出社會工作時，不少銀行前輩都提醒我，要注意每逢十年一次的股市週期，把握黃金機會足以令你提早退休，錯過此機會就注定你一生營營役役；如果不只錯過，還不幸在股災中損失慘重，那你一生更需努力以赴才可以追回損失，財富由零再開始。

我當時翻看歷史，每次股市週期真的是以十年為單位，例如1987年香港跟美國都發生股災，香港更需停市四日；1997年香港回歸前恆指升穿10,000點歷史新高，市面一片歌舞昇平，同年年中便爆發亞洲金融風暴，港股短時間內大幅下跌；2007年香港市場憧憬「港股直通車」，恆生指數首次突破30,000點大關，但不幸在2008年發生環球金融海嘯，恆指比高位跌超過一半。

後金融海嘯 加速股市週期

不過，自2008年的後金融海嘯時代，全球政府全力瘋狂印鈔救市後，這樣每十年一次的股市升跌週期便被徹底改寫了！現今的股市下跌週期，

即每次從新高急跌至股災的週期，由以往十年一次加快步伐至三年內一次，之後再由股災回升破頂。

大家細想近十多年的環球政經大勢，格局的確如是：2011年至2012年發生歐債危機；2015年「港股大時代」及後的熔斷下跌；2018年中美貿易戰；2020年新冠疫情及石油國價格戰，以及2022年俄烏戰爭及歐美加息，都不斷短時間內反復經歷股災然後創股市新高。

所以，想長期在股市立足及獲取可觀回報，就要積極部署如何在頻繁股災中站穩陣腳，不單要避過股災，更要把握股災機會短炒以及撈底，方有機會賺取豐厚回報。而這個部署，可以運用ETF巧妙完成！

認識恐慌指數VIX

標普500波動率指數（CBOE Volatility Index，簡稱VIX）坊間稱之為「恐慌指數」，顧名思義，指數越高代表市場越恐慌，指數越低即代表市場風平浪靜。其原理是當股災或政治動盪，期權參與者認為指數將會有重大升跌，便會在期權的定價上反映，此種預計將來波動因素之反應，就是「引伸波幅」，而恐慌指數就是統計指數期權各到期日的引伸波幅率，由此編制而成。

股市正常運作，沒有出現恐慌情緒時，恐慌指數大都在20或以下，相反，當大市預期或出現股災危機，大市恐慌情緒蔓延時，恐慌指數便會短時間大幅抽高，直至不明朗事件解決為止，或大市止跌回升，方會恢復正常。

VIX此恐慌指數波幅可以非常瘋狂！正常市況VIX位置多為20或以下，出現恐慌之時，最高的恐慌指數可以升至什麼位置才見頂？我可以告訴你，VIX是沒有上限的，VIX指數能攀多高，視乎那次股災危機的嚴重性及市場的恐慌性。當然，恐慌指數絕大部分時間都在低位，而市場上極端恐慌的時間，一般都不會長，多數的恐慌情緒，都會在一個月內完結。

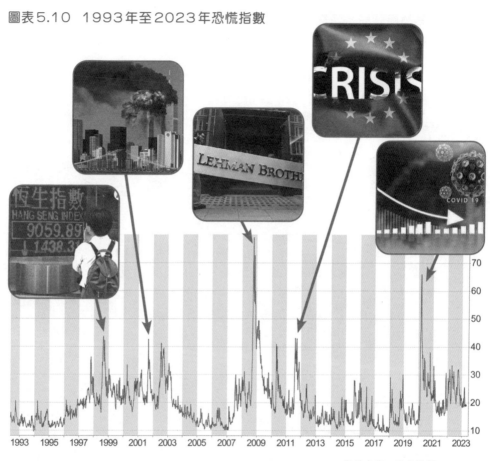

圖表5.10 1993年至2023年恐慌指數

資料來源：雅虎財經

大家看看上圖恐慌指數三十多年的走勢，總體來看都是橫行為主，但有些時候會突然抽升，代表股災恐慌，例如1998年的亞洲金融風暴、2001年的911紐約恐怖襲擊、2008年的金融海嘯、2011年的歐債危機、2020年的全球新冠疫情，都是恐慌指數大幅飆升的時刻。大家可見，多數的恐慌指數升至40左右見頂。回顧歷史，恐慌指數最高位是2008年

金融海嘯時期，恐慌升至最高的79.13，而2020年新冠疫情告急時亦升至66.04。但是，記著世事無絕對，沒有人保證下次的股災，恐慌指數會否超越金融海嘯79.13再創新高！

越恐慌越快樂　短炒看升 VIX 指數 ETF

我的前作《有升有息》，已為讀者介紹用反向 ETF 對沖股災，而美股市場除了反向 ETF，更有交易恐慌指數（VIX）ETF 可買，既然股災經常三年一會，下次預期股災即將發生時，可考慮短線投機買入看升 VIX 的 ETF。

看升 VIX 的 ETF 有 ProShares VIX Short-Term Futures ETF（VIXY），其實類似上一節提及的商品 ETF 一樣，通過持有期貨合約來複製 VIX 指數的表現，VIXY 是通過買入短期 VIX 期貨合約去複製表現。而此 ETF 有 "Short-term" 兩字，已告訴大家這 ETF 是短期投機為主，故此切勿長線持有！

圖表 5.11　VIXY 的 2011 年至 2023 年回報是負 97.97%！

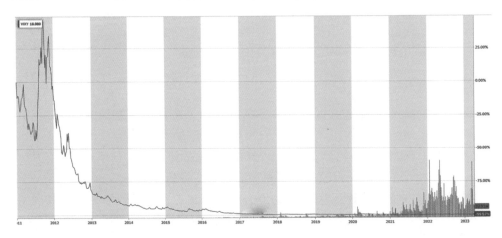

資料來源：雅虎財經

圖表5.12　2020年VIXY的2020年表現

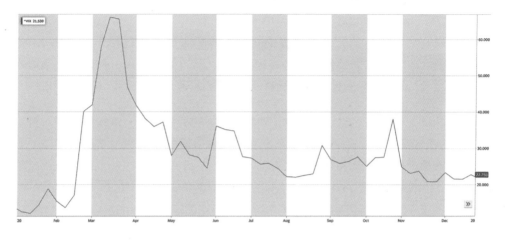

資料來源：雅虎財經

VIXY近十多年的長線回報幾近「清零」，但只看2020年股災期間的表現，則絕對令人眼前一亮，皆因2020年初中國武漢出現第一宗新冠疫情個案開始，不足三個月疫情已席捲全球，當時美股恐慌指數上升至66的新高。

換言之，如在2020年初大市仍算風平浪靜的時候，在20元以下投機買入VIXY，在恐慌最高潮時獲利沽出，短時間已可獲得超過三倍回報。如錯過恐慌指數高位落車，持此ETF至今，執筆時（2023年4月）VIXY收市價只剩下8.35元，比2020年買入價下跌最少50%呢！

切勿投資看淡VIX的ETF

看到這裡，有部分讀者或會反向思維，既然長線持有看好VIX的VIXY會蝕大本，而恐慌指數長線都維持在20以下的風平浪靜，那如果改為買入看淡VIX的ETF，豈不是可獲得長線穩定回報？

的確，坊間有些自命看出這「致富秘密」的財經KOL，曾經傳授買入看淡VIX的ETF或相關期權的機會。但是金融市場危機四伏，真的有這麼便宜的事？且看看數據如何說話：

圖表5.13　看淡VIX的ETF（SVXY）長線表現

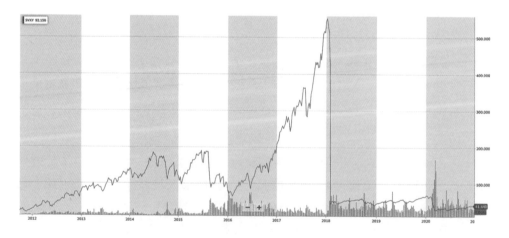

資料來源：雅虎財經

2011年歐債危機以後，美股步入前所未有的牛市，恐慌指數長期處於低水平，ProShares Short VIX Short-Term Futures這個看淡VIX的ETF（SVXY），股價的確節節上升，從2011年不足40美元升至2017年底超過500美元（未分拆股價計），但2018年2月，時任美國總統對中國發動貿易戰，美股三大指數暴跌，VIX在同年2月5日單日上升115.6%至37.32。由於此ETF是沽空短線的VIX期貨，適逢ETF持有之期貨到期時VIX突然急升，結算時便會損失慘重，故此ETF股價因VIX急升閃崩，單日下跌超過90%，持有此ETF的基金及投資者，瞬間損失大部份本金。

我在本章節起初提及，現今股災的發生頻率越來越高，我絕對不建議投資在看淡VIX的ETF。雖然持有這些反向VIX的ETF，在市場風平浪靜的時候，的確能很高興地穩賺，但你不會知道甚麼時候市場突然發生恐慌，如果你希望享受風平浪靜的日子，建議你還是循正途選擇行業ETF或正股作長線投資，千萬不要誤入歧途，投資這些看淡VIX的ETF而慘被割韭菜。

Chapter 6
ETF
配置指南

EXCHANGE
TRADED FUNDS
ETFs

6.1 精準建立自己的 ETF 組合

想為自己的財富作規劃，先要明白財富規劃的三個階段，即如圖表6.1所示：階段一：累積資產、壯大本金；階段二：賺取穩定現金流；以及第三階段：收益再投資，即自製保本高收益投資。這三個階段如果運作得好，可令財富如雪球般愈滾愈大。

我建議讀者，要先弄清自己的財富規劃屬於那個階段，這樣才能更好的善用ETF這工具，為你的財富增長出一分力！

圖表6.1 財富規劃的三個階段

好好籌劃退休儲備

一生人的財富規劃非常重要，如果你仍是沒有積蓄的月光族，不弄清自己的財富規劃屬於那個階段，沒有明確目標，沒有由資產所產生的被動收入，有一天你失業、被裁、開工不足，或已年近退休，你如何維持生計？

早年我聽過一個由政府主辦的強積金退休講座，由大學講師及理財專家主講，期間談到一個人需要儲備多少資產，才足夠在退休日子過上優游自在的生活。講者之一建議台下聽眾先預計自己的退休年齡，再決定自己的退休素質如何，如想退休素質較高，每月的退休開支就要預算多一點，反之亦然；最後就要估計自己的壽命，如果家族普遍長壽，你需要更多的退休儲備，反之亦然。

其實，退休儲備最簡單的算式就是：（你的壽命 - 你退休年齡）x 每月退休開支 x 12 = 你所需的退休金。舉例你在60歲退休，預計最少有80歲壽命，而你預計退休後每月開支是3萬港元，那你需要的退休金便是240個月 x 3萬，即最少要720萬。

我說「最少」720萬有三大原因，第一是上述計算並無考慮通脹的因素，如果你要20年後維持現有每月開支3萬的生活水平，考慮到通脹因素，所需資金便會增加。第二，壽命不由你控制，如果你的壽命比預計長，預算以外的人生最後幾年怎辦？第三，何時退休不一定按照預期，有些朋友到了五十歲已被裁，或因健康因素已不能勝任原來工作，又難以找其他工作，被迫提早退休。有些朋友則想退休而未能退，因為生活負擔或負債太多，到六十歲仍每天辛勤上班，遲遲未能退下來，往後只能見步行步。

階段一　累積足夠資產

如果我們早早作財富規劃，人生仍夠時間用來累積資產，年輕人從學校畢業，到社會工作的廿多三十年，就要累積足夠本金，去實現不同的人生目標，如買一個安樂窩、結婚、生兒育女，為子女供書教學，以及準備自己的退休生活。

可惜的是，大部分人累積本金的方法，只是靠出賣自己的時間及勞力、腦力，以及用上一些不太成功的理財及投資方法：有些朋友過分保守，只將錢放進銀行定存，賺取微薄利息，回報不但遠遠跑輸通脹，而且財富增長過慢，遲遲不能達標。相反，有些朋友非常進取，時常在股市炒賣，但經常因為在高位接火棒，或買錯劣質股，財富不但沒有增長，還弄得滿手蝕本蟹貨。

年輕人 可持進取增長類ETF

近年，我看見不少年輕人在金融知識及經驗不足的情況下，參與一些高風險投機，例如投資加密貨幣，炒香港及美國的細價股，有年輕人更四周借錢，以槓桿參與這些高風險投機，結果只有極少數能賺夠上岸，大多數人則損失本金之餘，更欠下一屁股債務，距離人生目標越來越遠。

如果你是初出茅廬的年輕人，雖然月薪及本金都不多，但有較長年期去繼續累積儲蓄，而且有時間研究行業前景或大市趨勢，我建議分佈較多資金在第四章的高風險高增長ETF板塊，大家可按自己的風險承受能力及投資時間，選擇適合你的增長ETF組合：

1. 健康護理類：醫療機械IHI；

2. 科技板塊：小型科技股QQQJ、雲計算股WCLD、金融科技FINX、環球AI業的ROBO；

3. 生物科技：美國小型生科股的XBI，以及香港上市較長的中國生物科技ETF - 2820；

4. 新能源：美國中小型新能源的PBW、追蹤太陽能板塊的TAN、鋰電池 LIT 以及兩隻氫能源ETF - HYDR及HJEN。

注意上述第四章介紹的ETF，都是較高波幅及較高風險。ETF本身已經分散投資一籃子股份，如果讀者再分散投資多種不同行業、不同國家的ETF，則進一步將個別行業的風險再分散，只要不貪心冒進，胡亂做孖展或槓桿，已將大幅虧損及財富清零的風險大大降低。

事業型人士　可考慮穩健增長類ETF

不過，如果你已投身社會多年，要將大部份時間投入事業上，即是可以用來研究及監察投資組合的時間不多，我建議你重點投資在第三章的4類穩健增長ETF：

1. 健康護理板塊：可選擇綜合健康護理股VHT、藥廠股IHE以及醫療服務商IHF；

2. 航空及國防軍工：ITA已網羅受惠美國盟友的國防支出增長的所有軍火商；

3. 股息增長類：VIG，DGRW的持股，都是久經風浪、被時間證明是穩健增長的企業；

4. 環球投資：如果希望在美市之外作環球分散投資，想持有香港較穩健的股份，可投資EWH；而追蹤澳洲股市的EWA多年來表現穩健，也是好選擇。

短炒類ETF 只宜小注

至於我在第五章介紹的短炒類ETF，我在介紹「碳排放交易」ETF時已提醒投資者要量力而為，現在要再提提「量力而為」的意思有幾個方面，第一就是你的風險承受能力，有些朋友可能覺得這些短炒ETF太大波幅、太刺激，心臟抵受不住；第二就是你的時間及炒賣能力，如果你覺得這些ETF太抽象難明，又沒有時間緊貼市況炒賣，那麼這些短炒利錢都不是你能夠賺取的，無謂勉強。

再次鄭重提醒讀者，這類高度波動的行業ETF必須時刻緊貼市況，適時落車。無論你怎樣看好行業發展，只要賺到滿意回報，就必須先行沽貨獲利，畢竟價格波動大，升得快跌得也急。

如果你無意太積極管理ETF投資組合，建議你將較多的資金分配至第三章較為穩健的ETF。

階段二　賺取穩定現金流

現金流資產的威力，就體現在你的資產上！累積足夠資產，本金充足，你的收息資產才能有足夠的現金流，讓你可以達至財務自由、無憂工作，隨時退休。

我的前作《有升有息》，主要講述如何投資金融類資產去賺取穩定現金流，例如業務穩健及業績透明度高的收息股；或善用期權短倉，通過藍籌悶股賺取期權金，以及通過分散投資債券收息。

所以這本書其實是《有升有息》的前傳，希望教大家用較低風險及較穩健的ETF投資，累積你的第一桶金。沒有第一桶金，往後配置收息資產的學問也是空話。

但是，最近幾年香港市場過分動盪，連業績穩健的收息股都落入大鱷魔爪，股價大上大落，令收息一族大失預算。既然近年國際券商普及，開一個賬戶，環球股票、ETF、債券全部都可以買賣，所以我亦將收息版圖，拓展至世界各國的房託基金（REITs）以及收息股，以分散港股經常

大幅波動的風險。我經常分享環球投資的看法,歡迎關注 Facebook 專頁「良心理財 – 黎家良」跟我交流。

階段三　自製保本高收益投資

如果你已參透階段一及二的財富規劃,亦已經運用得宜,那你可步向第三階段,就是給合前兩個階段的精髓,以利息收入,自製保本高收益投資!

如果你覺得這本書介紹的 ETF 還是太高風險,不是自己杯茶,寧願去銀行做定期存款,或到保險公司買一份保本儲蓄或年金計劃,不想再為大市波動擔驚受怕。

我明白很多朋友的資金都不容有失，保本是先決要求。那我告訴你，有一種投資策略，既可以保本，又可以比單做定存或儲蓄保險賺更加多的錢，你可有興趣聽下去？

此投資策略的重點，就是你處理收益的方法。試想想，一般人每次續期定存，都會選擇本金連利息一起續期，希望可以賺取收取「複式效應」的效果，但定存利率低，收取的利息已不多，還要拿這些利息投進新一期的定存，財富怎可能有大增長？

既然本金不可以輸掉，那不妨對收到的利息動動腦筋。利息是賺回來的，投資落注的壓力，肯定沒有不能輸的本金那麼大。至於如何將賺回來的利息增值？答案是參考本書第三章至第五章所介紹的ETF。

有投資者將收回來的利息炒窩輪、期權、牛熊證等，這些投機是零和遊戲，不懂玩的話真的有機會「清零」！

但如果你將這些利息分散投資，投放至中短期波幅較大、但長期增長的新興行業ETF，一來沒太大壓力，二來風險可控，市況怎樣波動也不至投資清零；如果你不是靠食息為生，生活無需動用這些利息，可以進取點投資在本書第四章的科技股、新能源、生物科技等朝陽行業，那利息就可為你的保本投資增值。

圖表6.2　以投資取向配對合適ETF

投資取向	合適ETF
1. 無需積極管理 2. 穩健增長	• 健康護理板塊：綜合健康護理股 VHT、藥廠股 IHE 以及醫療服務商 IHF • 航空及國防軍工：ITA • 股息增長類：VIG、DGRW 持股的企業都是過去多年歷經風浪，被證明是穩健增長的企業。 • 香港較穩健的股份：EWH， • 澳洲穩健股份 EWA
3. 不擔心短線波幅，期望長線倍升 4. 能緊貼市況、積極管理	• 醫療機械 ETF - IHI • 科技板塊：小型科技股 ETF - QQJ、小型雲計算股 ETF - WCLD、金融科技 ETF - RNX、追蹤環球人工智能及機械人企業的 ROBO • 生物科技：小型美國生科股為主的 XBI 以及香港歷史較長的中國生物科技 ETF - 2820。 • 新能源：追蹤中小型新能源美股的 PBW、追蹤太陽能板塊的 TAN、鋰電池 ETF - LIT 以及兩隻氫能源 ETF - HYDR 及 HJEN
5. 只喜短線炒作 6. 對沖股災 7. 有足夠風險承受力	• 商品類 ETF • VIX 看升 ETF（VIXY）

6.2 回測 ETF 組合 表現

我已在本書介紹了為數不少、不同類型的ETF，相信讀者對每個板塊ETF的持股、風險及回報已有大概認知。當然，就算ETF已分散投資最少幾十隻股份，我還是建議讀者按自己能力，盡可能多選幾款行業性質不同的ETF，再加強分散投資。

將每一隻ETF的風險回報表現逐個拆解，當然比較容易一目了然，但如果多選幾隻ETF，混合比較時可能會感覺混亂。這又是ETF發揮優點的時候，因為美股ETF全球流行，協助分析ETF及建立ETF組合的網站十分多，我在這裡介紹如何於相關網站，好好運作多項工具。

組合回測 etfReplay.com

網站叫ETF Replay，顧名思義幫你將各ETF的過去表現「重播」，如果組合有多隻ETF，可用這工具回測整個組合過去的表現，與大市比較哪個優勝，跌市時最大跌幅如何？如果錯過離場高位，回報相差多少？

我建議讀者，建立起自己的ETF組合後，可先放在這裡回測一下，看看其過去表現是否與你要求相若。當然要注意「過去表現不等於將來表現」，不過若然過去表現已經不濟，你亦難以預計將來有甚麼催化劑可令其表現大幅改善？

進取組合表現

進取的讀者，如果參考我上一章節的建議，主力投資第四章介紹的ETF，那我就將其表現「重播」一下。我在etfReplay.com先輸入五隻不同的ETF，假設每隻ETF按相同比例投資20%，並設定標普500 ETF - SPY為比較基準，選擇時間就可以按「Run Backtest」，大家看看結果如何：

圖表6.3 進取ETF組合三年表現回測

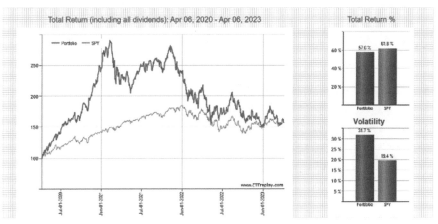

資料來源：etfReplay.com

細看圖表6.3，旁邊列明Total Return%（計及股息的總回報），如持有這個進取組合三年，其回報比標普500差一些；而右下角「Volatility」（波動率），則表示組合的高低波幅，亦遠較標普500為高。看看正中間的走勢圖，此進取組合及基準SPY在100起步，組合最高升至近300位置（即近兩倍回報），但SPY最高回報也未曾到達200。可見組合升得多跌得也多，以三年計回報跟大市幾近一樣。可見投資進取組合，需要時刻留意回報走勢，一旦錯失在高位沽貨獲利，回報會相差很遠。

平穩組合表現

剛才進取組合的三年總回報是57.6%，而以第三章介紹的穩健型組合
ETF回測，三年總回報是57.5%，與剛才進取組合的回報只差0.1%！但
最重要的是，穩健型組合過去三年的波幅比基準SPY更低，雖然升市時
升幅較少，但跌市時跌幅也展現優良抗跌力，故此可在較平穩的狀態下
獲取同等回報。

圖表6.4 平穩ETF組合 三年表現回測

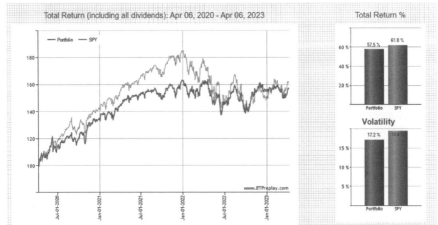

資料來源：etfReplay.com

不過，請讀者注意，ETF Replay網站免費版一次只可以回測五隻ETF，
多於五隻需要付費訂閱會員。

妙用ETF分析網站

美國是全球ETF規模及數量最大的國家,故此湧現很多實用的ETF平台,投資者很易獲得所需的ETF資訊,亦方便進行比較。

此書經常使用 www.Etf.com以及www.ETFDB.com作分析,一般於網站搜尋各行各業ETF,即可了解個別ETF的市值、持股組合、收費等資料,簡單幾按就可以一目了然。

圖表6.5 Etf.com 網站的搜尋頁面

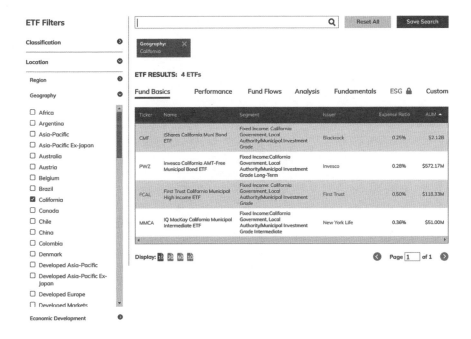

資料來源:Etf.com 網站

圖表6.6 ETFDB.com的ETF比較頁面：

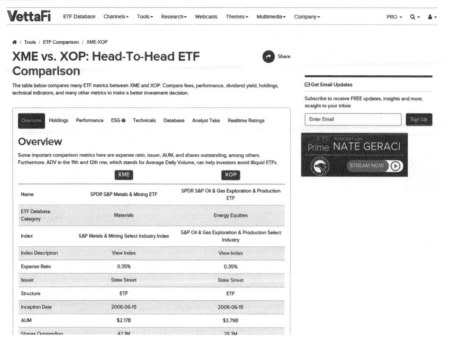

Etf.com有一個特別功能──「Stock Finder」（股票搜尋），我認為值得大家試用，比如有網紅向你推介一隻個股，但是你不想直接持有該個股，而是希望持有與此個股有關行業／國家的ETF，這個功能便大派用場了。

圖表6.7　Etf.com的Stock Finder功能──搜尋個股

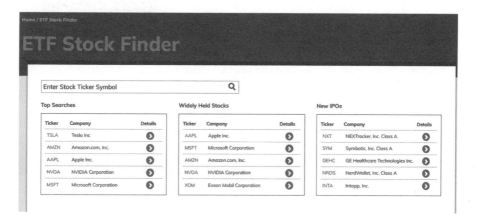

資料來源：Etf.com 網站

圖表6.8　Etf.com的Stock Finder功能──個股資訊一目了然

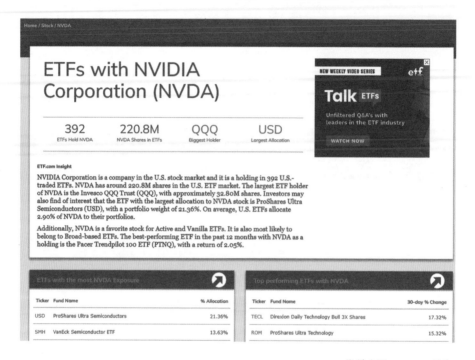

資料來源：Etf.com 網站

例如，2023年第一季半導體股英偉達（NVDA）熱炒，如果讀者看好半導體業發展，但不想單獨持有NVDA，可以在這裡輸入NVDA，會找到哪些ETF重倉持有NVDA，你大可比較各ETF表現，挑選一隻適合你投資目標及風險承受能力的ETF。

結語

成功吸金的金科玉律

- -

我在2008年加入財富管理行業，從銀行前線直接面對客戶銷售產品，到6年前離開銀行，寫作財經書籍，教授金融從業員及小投資者理財。其實想要事業成功，日進斗金，關鍵離不開一個宗旨：就是要了解你的客戶到底有什麼理財想法。

普遍投資者都是公事家事兩繁忙，日間忙上班公事，晚上回家料理家事，假日把握時間休息一下放鬆身心；所以經常有讀者跟我說，最好有一些不用太花時間學習，而回報又十分穩定的理財產品。產品當然有，例如銀行的定期存款、保險公司的儲蓄計劃、年金計劃，投資這些產品都無需特別學習理財知識，只需「格價」比較便可。

但有些騙徒看準不少人既無暇學習理財，又不甘正規保本的理財產品回報不高的心理，主動推介你買一些包裝成「低風險，穩定高回報」的理財產品，而這些產品不約而同都是不受政府監管，更不是在正規

金融機構銷售的。而且，銷售者絕對不會告訴你有這項投資有任何風險。投資這些產品的最終結果不用多說，必然就是財富清零。

故此，要賺取比定期存款或儲蓄保險高的回報，無可避免地要與風險共存，而普遍香港人現時投資股市的方法是否合適？我認為是時候要與時並進。不要再浪費精神時間，老是盯著某幾隻明星個股分析研究，而是應該分散投資在不同國家、不同產業的一籃子股份，建立一個均衡的投資組合。投資ETF既可滿足分散風險的要求，而且學習及管理都比投資個股來得簡單，如果讀者們過去在股市無法獲得理想利潤，希望《環球.簡.升 ETF》這本小書能為你帶來新希望！

如果大家對本書內容有任何問題或意見，歡迎您電郵至 book@desmondlai.com 給我，也歡迎您關注我的FB專頁「良心理財 － 黎家良」，大家多作交流。

Wealth 153

環球．簡．升 ETF

作者	黎家良
內容總監	曾玉英
責任編輯	Alba Wong
書籍設計	Stephen Chan
相片提供	Getty Images

出版	天窗出版社有限公司 Enrich Publishing Ltd.
發行	天窗出版社有限公司 Enrich Publishing Ltd.
	香港九龍觀塘鴻圖道78號17樓A室
電話	（852）2793 5678
傳真	（852）2793 5030
網址	www.enrichculture.com
電郵	info@enrichculture.com
出版日期	2023年5月初版

定價	港幣 $168　新台幣 $840
國際書號	978-988-8599-96-7
圖書分類	（1）工商管理　（2）投資理財

支持環保　此書紙張經無氯漂白及以北歐再生林木纖維製造，並採用環保油墨。